マスク社会が危ない

子どもの発達に「毎日マスク」はどう影響するか？

京都大学大学院教育学研究科教授
明和政子

宝島社新書

まえがきにかえて
――子どもの脳は、大人のミニチュア版、小型版ではない

新型コロナウイルス感染症の世界的大流行（パンデミック）から3年が経とうとしています。

「子どもの脳は、大人のミニチュア版、小型版ではない」。

このことを当たり前のように理解している社会とそうでない社会とでは、人類が危機に直面したときの対応にこれほど大きな違いとして現れること、そして悲しいことに、日本は明確に後者であることを痛感した数年間でした。

たとえば、マスク着用の日常が子どもたちの脳や心の発達に与え得る影響について、国の施策に関わっている方と議論したことがあります。その時、「マスクをしていても、日本人は目でコミュニケーションするのが得意だから大丈夫」と発言されたことは、私にとって大きな衝撃でした（当たり前ですが、子どもは目だけでコミュニケーションす

ることなどできません）。同時に、科学的エビデンスに基づく議論を尽くさないまま、大人目線の解釈のみで子どもにもマスク着用や非接触を求め続けてきた日本の実態に、妙に納得してしまいました。

本書で触れますが、子どもは、環境の影響を強く受けながら脳を発達させている途上にある存在です。それはたんなる大人の小型版、ミニチュア版ではけっしてありません。子ども期は本来、他者の多様な表情を経験しながら、他者の心の状態を理解したり共感したりする、ヒト特有の社会性を身につけていくきわめて重要な時期です。この時期の経験こそが、個人が生涯持つことになる特性の土台となるのです。しかし、この数年、子どもたちは家庭以外の場で、他者の多様な表情を経験する機会を急激に減らしてきました。パンデミック後に生まれ、もうすぐ3歳になる子どもたちは、これを当たり前とする日常しか知らない世代です。そうした問題に思いを馳せることのできる限り、日本が抱える深刻な子育て問題の解決は望むべくもありません。

子どもという、大人とはまったく異なる存在に思いを馳せる。これは、マスク着用の問題に限りません。日本社会は、大人にとって「便利、楽、心地よい」といった価値観だけで推し進められていると感じます。今、ポストコロナ社会を見据えて、利便性の向上や省力化に価値を置いた「無駄のない」社会が目指されています。身体という制約から解放され、非接触でつながりあえば、これまでにない自由な社会が実現されるという謳《うた》い文句です。メタバースに代表されるこうした流れは、これからも加速度的に進んでいくでしょう。産業界や学術界が競い合って、新たな市場を精力的に創りあげようとしている動きは、昨今のニュースでもよく取り上げられています。

しかし、ここでの「無駄のない」社会は、すでに完成した脳を持っている大人を前提としていることに、どれほどの方が気づいているでしょうか。サイバー空間でのコミュニケーションであっても、大人がそれなりに他者と感情を共有することができると感じるのは、幼少期の身体を介した経験がこの世代の脳内には刻まれていて、それを適用しているからにすぎません。環境の影響を強く受けながら脳を発達させている途上にある子どもたち、次世代の人類にとっては、話はまったく別なのです。

ホモ・サピエンスである私たちヒトは、他者との身体接触を基本とする社会的環境に適応しながら、長い時間をかけて進化してきた生物です。大人から見ると一見無駄に思われるような環境のなかでさまざまな経験を積み重ねながら、ヒト特有の脳と心は時間をかけて育まれていくのです。こうした事実がこれほど軽視されている時代は、人類史上ないように思います。
「いま・ここ」を生きる大人の価値観、欲望のままに推し進められている社会は、発達途上にある脳を持つ子どもたちにも大きく影響を与えるはずです。次世代人類がホモ・サピエンスという生物であり続けるかどうかも分からないほどの大きな環境変化です。進化の過程で獲得してきたヒト特有の脳や心の働きと、それが創発・発達する道筋に関心を持つ科学者として、そしてひとりの親当事者として、今ほど、「生物とは何か、人間とは何か」といった根源的な問題を立ち止まって考えなくてはならない時代はないと思います。

とどまることのない人類の環境変化、その流れを変えることはできませんが、それでも私が抱く思いをせめて後世に残しておきたい、その思いをひとりでも多くの「いま・ここ」を生きている方々と共有したい――そう願いながら本書をまとめました。大人とはまったく異なる脳を持つ子どもたち、彼らの育ちを苦悩しながら支え続けている親御さんや保育、教育現場の皆さんの一助になれば幸甚です。

＊＊＊

本書の企画をいただいてからお受けするまで、私はかなり悩みました。答えだけではなく、問うべき視点自体を提案する必要のある困難な社会課題に、科学者としてどれほどの貢献ができるのか、自信がなかったためです。それでも本企画をお受けしたのは、宝島社編集部の宮田美緒さんの思いに共感したからです。そして、対談相手となってくださった鳥集《とりだまり》徹《とおる》さんとの出会いが、それを後押ししました。宮田さんと鳥集さんは、親として子どもを守りたい、幸せになってほしいと願う同志です。次世代への思いや期待をたくさん詰め込んだ本書を、宮田さん、鳥集さんとともに皆様にお届けします。

２０２２年10月

鴨川に吹く初秋の風に時の流れを感じて

明和政子

目次

第2章

ポストコロナ時代を生きる子どもたちに何ができるか

カバー・帯デザイン／bookwall
本文ＤＴＰ／一條麻耶子
図表作成／オフィスアント

第1章　「毎日マスク」で子どもたちの発達が危ない

「新しい生活様式」に潜む大きなリスク

2020年5月、新型コロナウイルス感染症対策の一環として、政府は「新しい生活様式」の実践を国民に提唱しました。その内容は、次のような項目から成り立っています。

・人との間隔は、できるだけ2m（最低1m）空ける
・会話をする際は、可能な限り真正面を避ける
・外出時や屋内でも会話をするとき、人との間隔が十分とれない場合は、症状がなくてもマスクを着用する。ただし、夏場は、熱中症に十分注意する
・家に帰ったらまず手や顔を洗う。人混みの多い場所に行った後は、できるだけすぐに着替える、シャワーを浴びる
・手洗いは30秒程度かけて水と石けんで丁寧に洗う（手指消毒薬の使用も可）

これらの中でも感染症対策の基本としてとくに強調されたのが、①身体的距離の確保、②マスクの着用、③手洗いでした。それから2年以上経ちましたが、今も保育園や幼稚

園、学校など、子どもたちが過ごす多くの現場でこの3つが守られ続けています。

しかし、子どもにこれらを強いることは、本当に正しいことなのでしょうか。

私は、人間の脳や心が発達していく道筋を明らかにしようという研究をしている者ですが、「新しい生活様式」が求められた当初から、その実践内容が大人目線でしか考えられていないと感じてきました。その理由は明確です。子どもは、環境の影響を大きく受けながら脳を発達させている、まさにその途上にある存在だからです。すでに完成した脳を持っている大人にとっては、「新しい生活様式」は多少の不便さはありながらもなんとか実践していくことは可能でしょう。しかし、もしこの様式の実践がさらに長期化し、これが当たり前の日常になったら、子どもたちの脳や心にどのような影響がもたらされるのでしょうか。

これは、すでに答えが出ている問いではありません。しかし、こうした点に意識を向け、真剣に議論しておくことはきわめて大事だと思います。実際に、子どもたちに何も起こらなければそれでいいのです。しかし、何かが起こってから事後的に対処していては、あまりに遅すぎる問題です。

しかし日本では、こうした点に目を向け、危惧を抱く方は多くありません。日本社会には、子どもを含む「すべての」人に、一律にルールを当てはめようとする暗黙の空気が満ちています。多数派の意見、方向に従うことで、安心感を得ようとする無意識的な心的バイアス、文化を持つ国だと改めて感じました。

子どもにとってとくに問題になるのではないかと感じてきたのが、「マスクの着用」です。たとえば乳幼児期は、目の前にいる人の表情や声かけを日常的に経験しながら、言葉や他者との関わり方を身につけていく重要な時期です。しかし、マスクをした他者との日常が当たり前になってしまうと、そうした学びの機会が大きく失われてしまうことになります。

2つめが、「身体的距離の確保」です。これも、乳幼児期には不可欠な経験のひとつです。そもそもヒトという生物は、哺乳類動物の一種です。乳幼児期には、親をはじめとする誰かとの身体接触なしには、生存することすらできません。それにも関わらず、コロナの感染対策の徹底を訴える人たちの頭の中は、残念ながらこうした視点がごっそり抜けて落ちてしまっています。

パンデミックが始まってから、3年が経とうとしています。パンデミック当初に生まれた子どもたちは、もう3歳になろうとしているのです。何の議論もなく、このまま現行の「新しい生活様式」を続けていってよいのか。子どもたちの脳と心の健全な発達に必要となる環境を、できる限り取り戻していく努力をすべき時期ではないのか――。私はこうした思いに突き動かされて、本書を上梓《じょうし》することにしました。

1歳ぐらいでピークを迎える脳の「感受性期」

まずは、「子どもとマスク」をテーマに、脳科学の観点から考えてみたいと思います。

生物としてのヒトの脳の発達を理解するうえで、きわめて重要な点があります。保育や教育に関する一般書では、脳は年齢とともに右肩上がりに、直線的に発達するかのように書かれていることが多いです。しかし、これは厳密にいうと正しくありません。ヒトの脳は「でこぼこしながら育つ」のです。

これをもう少し具体的に説明してみましょう。子どもの脳内ネットワークは、環境の影響を大きく受けながら発達していきますが、そのプロセスでは、環境の影響をとくに受けやすい、ある限られた特別の時期というものがあります。これを「臨界期（critical period）」といいます。ただし、このように表現してしまうと、その時期を過ぎたら脳は環境の影響をまったく受けないという誤解を与えてしまうので、「感受性期

（sensitive period）」と呼ばれることが多くなってきました。

私たちは、言語を用いたコミュニケーションや論理的に思考するなどの高度で複雑な認知機能を持っています。そうしたヒト特有の認知機能の多くは、大脳皮質という脳領域の活動によって生じます。ヒトは他の霊長類と比べてもかなり大きな大脳皮質を持っています。

脳を構成する主役は神経細胞です。神経細胞は、電気信号を発して脳内での情報のやりとりを担います。ヒトの大脳皮質にはおよそ160億個の神経細胞があると言われているのですが、ここで重要なのは、その数が最も多いのは胎児期から生後数カ月という時期であることです。

神経細胞の数は、多ければ多いほど良い、というわけではありません。先ほど触れましたが、神経細胞は「樹状突起《じゅじょうとっき》」や「軸索《じくさく》」と呼ばれるアンテナを伸ばして、他の神経細胞と「シナプス」で電気信号のやり取りをします。こうした神経細胞同士のつながり、ネットワークを構築してはじめて情報のやりとり、つまり脳の働きが生まれるのです。

胎児期から幼少期にかけては、神経細胞の数が大人よりも多く、さらにはそれらがつながってネットワークが密になっていくことになります。ここで問題が生じます。大人

神経細胞の構造

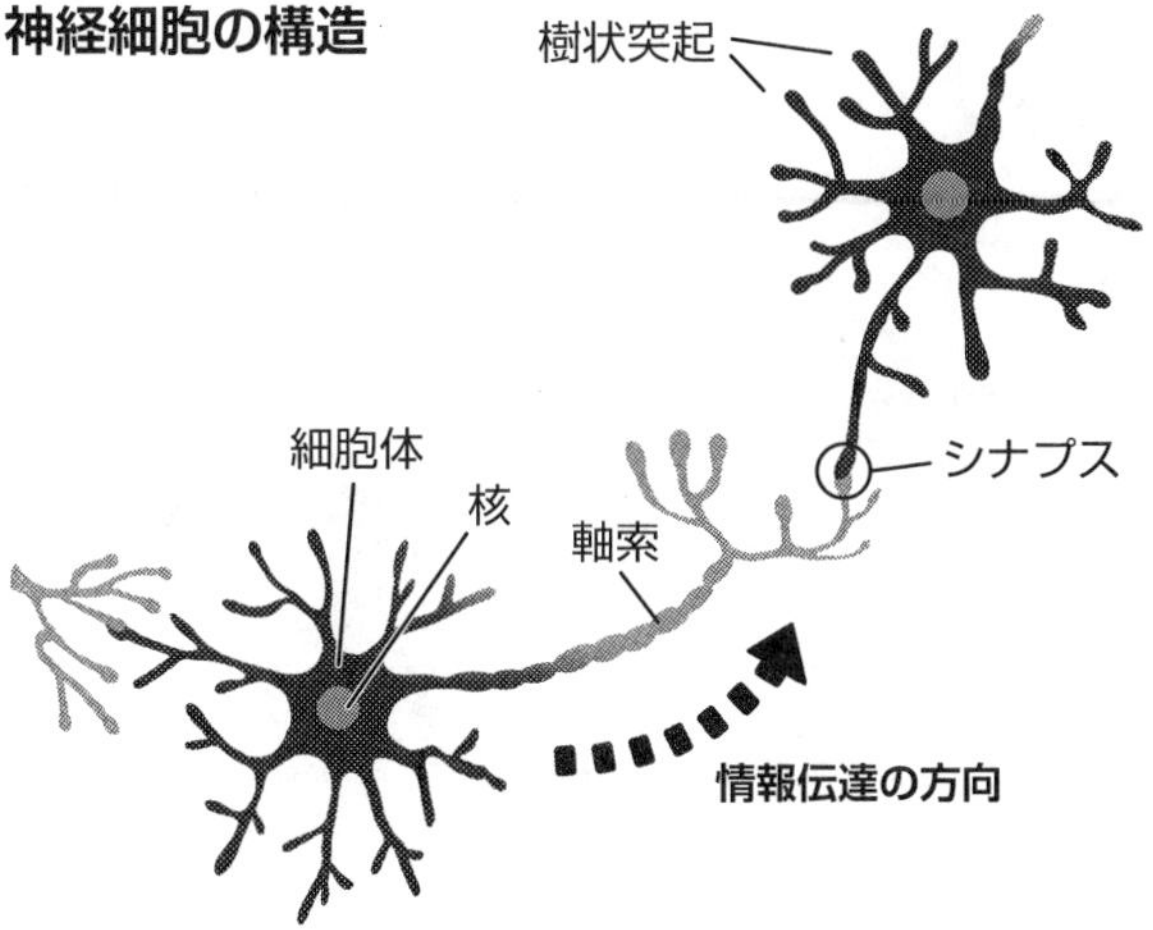

細胞体から通常1本の長い「軸索」と枝分かれした「樹状突起」が伸展している。神経細胞間の信号の伝達は、軸索と樹状突起で構成される「シナプス」を介して行われる

の脳では、1日に消費するエネルギーの20%は脳の活動で使われます。つまり、この時期に過剰なほど密なネットワークが形成されると、エネルギーの供給が追いつかなくなる。つまり、個体は生存できなくなるのです。

しかし、生命の仕組みはため息が出るほど美しい、と感じるイベントが起こります。生まれ落ちた環境において情報のやりとりによく使われるネットワークだけが生き残り、あまり使われないネットワークは無駄なので死んでいくのです。つまり、それぞれが置かれた環境において適応的に働く脳へと変化していくわけです。これを、「刈り込み（pruning）」現象といいます。脳発達の感受性期とは、「環境に適応して生存可能性を高めるために必要となる脳内ネットワークの選択が急激に進む時期」ということができるのです。

大脳皮質の中で、感受性期が比較的早くに訪れるのは「視覚野」と「聴覚野」です。これらの脳部位の感受性期は、およそ生後数カ月頃に始まります。1歳前ぐらいにピークを迎え、7～8歳頃まで続きます。そして、就学を迎える頃には環境の影響を受けにくくなる。つまり成熟に達するのです。

一次視覚野は頭部の後ろあたり（後頭葉）にあります。目から入力された情報から「それが何か」を検出する役割をしています。ここを損傷してしまうと、眼や視神経に異常がなくても視野が欠けて見えたり、モノの認識が難しくなったりします。

一次聴覚野は耳のやや後ろあたり（側頭葉）にあります。耳から入ってきた音を聞き分けて認識する役割をしていますが、ここが損傷すると、音が鳴っていると感じることができても、それが言葉なのか音楽なのか雑音なのかなどを区別することが難しくなります。

私たちは、目や耳から入ってきた環境からの情報を記憶などと照らし合わせて、それ

大脳の構造　視覚情報は後頭葉、聴覚情報は側頭葉でまず処理される

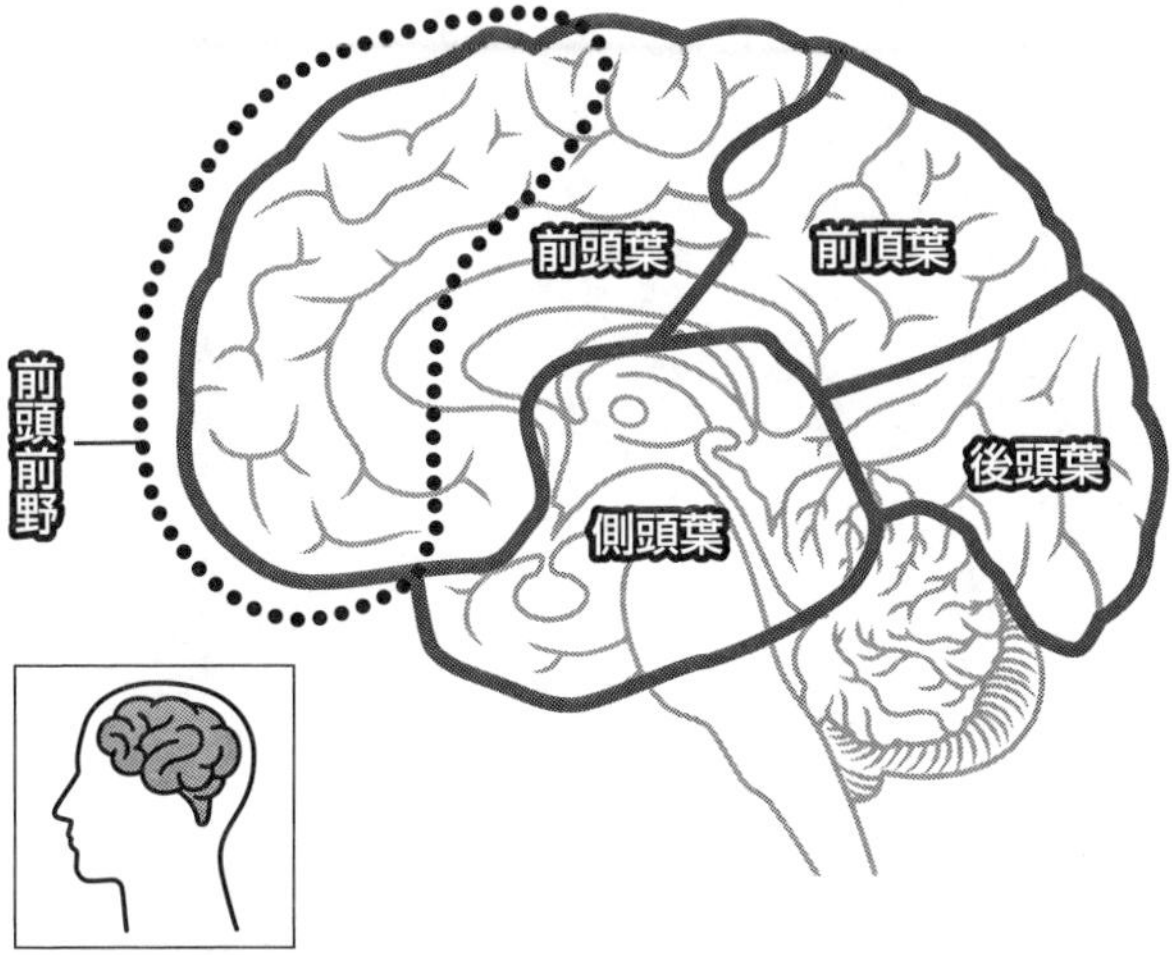

が何を意味しているかを理解します。そして、それに対する反応を言語化したり、意思決定して行動に移したりすることによって、複雑に変化する社会の中で生きていくことができるのです。

乳児は相手の口元に注目している

こうしたことがスムーズにできる土台となっているのは、視覚野と聴覚野の適切な働きによるのですが、その感受性期がまさに乳児期から幼児期にかけてなのです。

一番分かりやすい例は、言語の学習でしょう。多くの日本人にとって、

英語の「l（エル）」と「r（アール）」の発音を聞き分けることは困難です。しかし、イギリス人やアメリカ人は、それらを当たり前のように聞き分け、使いこなしています。これができるのも、英語圏の人たちが、英語を話す人たちが周りにいる環境にさらされて幼少期を過ごしたからです。同じことは、日本語の習得についても言えます。

このように、私たちは「見ること」「聞くこと」において、乳幼児期に周りの環境から大きな影響を受けて育ちます。ですので、家族以外の周りの人たちがみんなマスクを着用している――目だけでなく、表情全体を使ってコミュニケーションすることが難しくなった日常が、乳幼児期の脳や心の発達、とくに社会性の発達になんらかの影響を与える可能性は否定できないと感じるのです。

大人の感覚からすると意外に思われるかもしれませんが、子どもは目だけを使ってコミュニケーションできるわけではありません。それが可能になるまでには、時間をかけた学びが必要となります。

「アイ・トラッキング」という装置を使うと、乳児に話しかけたときに、彼らがどこをどのように見ているかを可視化することができます。私たちの研究では、生後6カ月くらいから、相手の目よりも口元のほうを長く見ることが分かっています。

さらに重要なことがあります。乳児は、ただ相手の目や口元を見るだけではなく、その動きや音を自分でもやってみようとするのです。「ワンワンだね」と乳児に笑って伝えたら、乳児も「ワンワン」と言って、笑顔を返す。コロナ禍前には当たり前のようにあった光景ですね。乳児期には、こうしたやりとりを日々経験しながら、相手の心や言葉を一つひとつ学んでいくのです。

ところが今、乳児を取り巻く他者の口元は、完全に覆い隠されています。家庭以外の場で、学びの機会を得ることが難しくなっているのです。

「サル真似」をするのはヒトだけである

このように、乳幼児期とは、相手の心を理解する能力や言語を獲得していくきわめて重要な時期です。こうした学びを可能にするのは、ヒトだけが持っているある特別な能力です。それが「サル真似」です。

「サル真似」という言葉には、「創造性に欠ける」「誰にでもできる」といったあまり良くないイメージがあると思います。しかしこれは間違いです。実は、サル真似をする霊長類はヒトだけであり、サル真似こそがヒトの発達を支える基盤となっているのです。

私は、京都大学霊長類研究所（現・京都大学ヒト行動進化研究センター）で、チンパンジーの脳と心の研究を長年行ってきました。そこで明らかにしてきたことは、チンパンジーのような「賢い」類人猿ですら、相手の行為を忠実に模倣することが難しい、という事実でした。

サル真似は、ヒトの高度な文化を支えてきた基盤であると言われています。スマートフォンの操作方法ひとつとってもそうですが、遺伝子では伝わらない、大変複雑な知識や技術であっても、誰かのやり方をそっくりそのまま真似ることができれば、とても効率よく身につけることができます。また、そうして得た知識や技術は、真似によってそのまま次の世代へと受け継がれます。知識や技術が世代を超えて伝承されていくことで、ヒト特有の高度な文化が誕生したと考えられています。

チンパンジーやオランウータンの子どもたちは、真似によって親世代の知識や技術を効率よく身につけていくことができません。自分で試行錯誤しながら、時間をかけて一から学ばなければいけないのです。サル真似というのが軽視されるべきではない、きわめて重要な能力であることがお分かりいただけたでしょうか。

ヒトに話を戻しましょう。不思議なことに、ヒトは言葉を話し始める前から、他者の表情や行為を積極的に真似し始めます。ここには、相手の行為を自分の行為と鏡のように照らし合わせる「ミラーニューロン」という神経ネットワークが関与しているとみられます。

目の前の人がニコッと笑顔を浮かべている、悲しんでいる、怒っている——。乳児は、生後数カ月でそうした喜怒哀楽の表情を「区別」できるようになりますが、いまだこの段階では、その人の心を「理解」するには至っていません。そこに至るには、もうひとつ重要なプロセスを経る必要があります。それが真似です。

相手の笑顔を、自分でも真似してみる。その時に乳児は、自分自身が笑うという身体経験によって心地よさを感じます。その経験を、目の前にいる人の笑顔に鏡のように照らし合わせていくことによって、「この人は嬉しいんだ」という心の理解が可能となるのです。

「表情を読めない」子どもたち

周りの大人がいつもマスクをしていたとしても、家庭ではお母さん、お父さんがマスクを外して表情を見せているからまったく問題ない、という意見があるかもしれません。

しかし、ある表情（シグナル）はこういう意味を持っている（シンボル）という理解を、お母さん、お父さんといったごく身近な人との間だけでなく、家族以外のさまざまな他者にも当てはめ、広げていく必要があります。これを「般化《はんか》」学習と言いますが、これこそが社会性を育むために必要となるプロセスです。

現代社会において、乳幼児の社会性を育む場として大きな役割を果たしているのは、保育園やこども園、幼稚園などでしょう。こうした時空間で、子どもたちは多種多様な人々の表情やふるまいに触れる機会を多く得てきました。しかし、マスク着用が日常的に求められる今、子どもたちは相手がどのような表情をしているのかを理解することは難しく、また、それを真似する機会も乏しくなっています。

園で子どもと接してくださっている先生方からは、「子どもたちに笑顔を向けても反応が薄い」「子どもたちに思いが伝わっていないように感じる」といった声が上がっています。先生がマスクをしていると、子どもたちにとっては大人が想像する以上に、相手の表情を読み取ることが難しいのです。また、自分が笑ったときにも、先生が笑い返してくれているかどうかが分からないわけです。

この時期は、視覚野・聴覚野の感受性期であることを思い出してください。パンデミックの時代に生まれ育ってきた「マスク世代」は、すでに3歳を迎えようとしています。コロナ禍で激変した子どもたちを取り巻く環境がこのまま長期化していく流れを、私たちは傍観していてよいのでしょうか。

2022年4月4日、BBC（英国国営放送）が、気になる記事を配信しました（Covid：Young child development worring, says Ofsted Boss）。Ofsted（Office for Standards in Education＝英国教育水準監査局）という、日本でいう文部科学省の第三者研究機関にあたる公的機関があります。その機関が、コロナ禍での英国の子どもたちの現状についての報告書を公表したという内容です。

それによるとコロナ禍の2年で、すべての子どもではありませんが相当数の子どもたちに、言語の獲得の遅れや表情の乏しさ、不安傾向といったマイナスの影響が出ているそうです。

皆さんもご存知のとおり、オミクロン株になってコロナの致死率が下がったことを受け、欧米ではすでに感染対策のための規制はかなり緩められており、屋外でも屋内でもマスクをしている人はほとんどいません。そのような環境下にある英国ですら、子どもたちにこうした問題が生じていることを知り、衝撃を受けました。

英国では科学者の提言がリスペクトされている

私が素晴らしいと感じたのは、英国が国主導でいち早く科学的根拠を現場で収集したというアクションにとどまりません。この報告書を公表する前からすでに、保育や教育の現場に、言語療法士などの専門家を国が派遣していたことです。Ofsted の報告書には、この迅速な介入支援による効果も示されています。英国では、保育、教育現場にすでに50億ポンド（8000億円以上）を投資してきたそうです。

一方、日本では、感染を防ぐ対策ばかりが強調され、マスクが子どもたちの発達に対してはらむリスクについては、ほとんど目が向けられてこなかったと言えます。「新しい生活様式」の徹底が、子どもたちの脳や心にどれほどの影響があるというのか。そのリスクを証明するデータを出せ、というわけです。

確かに、私たち脳科学者からのメッセージは、今の段階では予測にすぎません。身体で起こる病気、疾患のメカニズムを特定してから薬をつくったり、治療したりする研究分野とは明らかに異なります。その予測が妥当かどうかをデータで証明するためには、マスク世代の子どもたちの成長を待たねばなりません。当然、まだまだ時間がかかります。

しかし、それが証明されるまでただ待っていては遅すぎると思うのです。繰り返しますが、私たちの考える予測が外れていたら、それはそれでよいのです。しかし、もし予測どおりに何かしらの問題が生じていくとしたら、そこから対処しようとするのではあまりに遅すぎます。子どもたち一人ひとりの人生がかかっているのですから。

英国では、ヒトの脳や心の発達を専門とする基礎研究者に対して大きな敬意が払われ、また、研究者もその成果を社会に還元するという自覚を強く持っていると感じます。研究者と現場の専門家によるタッグがいち早く組め、問題に取り組める土壌がすでにあるのです。日本とは圧倒的に異なります。

医療の分野でも、近年は「未病」とか「予防医学」という言葉がキーワードになりつつあります。あらかじめ病気になりにくい心身をつくって、健康の維持に努めようという考え方です。

乳幼児保育や教育の現場でも、マスク着用をはじめとする新しい生活様式の徹底による何かしらの問題が生じる前から、厚生労働省や文部科学省がトップダウンで明確な方針をたて、現場での実践に向けた羅針盤を示すべきでしょう。しかし、現実には、現場任せの状況になっていると言わざるを得ません。大人はできるだけマスクを外して、子どもたちへの身体接触も今までと変わらないようにしよう、コロナ禍以前の日々を大事にしよう、と頑張り続けてくださっている保育園やこども園、幼稚園はたくさんあります。他方、徹底した感染対策を求める保護者や地域社会の声もいまだ強くあるようで、先生方は思い悩みながら子どもたちを守ろうとしています。

親として、研究者として、私にもできることはないだろうか。できることを、できる範囲で行いたい――。そうした思いから、パンデミックが起こった直後から、最先端の科学的知見とそこから予想されるリスクについて、講演などを通じて積極的に発信する努力を重ねてきました。園では、子どもたちの社会性を発達させるために必要となる環境を十分提供することが難しくなっていることと、それによって生じうるリスクについて科学的根拠を示しながら説明してきました。また、家庭ではコロナ以前にもまして意識して子どもに笑顔を見せたり、言葉をかけたりするコミュニケーションの機会をぜひ持っていただきたいといった提案なども行ってきました。それを聞いて、意識して行動を変えてくださった先生方、保護者の方々がたくさんいます。子どもたちにとってのマスク着用のメリット・デメリットについて、冷静に論理的に考えようとする雰囲気が現場で高まってきたように思います。

とはいえ、まだまだ感染対策ばかりに注意が集中している現場も多く目にします。マスク着用をはじめとする徹底した感染対策は、子どもたちとってはマイナスの側面もあるのだということ、そして大人とは異なる発想で対策を考える必要があるということを、ぜひ多くの人に知っていただきたいと願っています。

子どもの発達には「密」が欠かせない

もうひとつ、本書で取り上げたいテーマがあります。乳幼児期における「身体接触」経験の重要性です。

コロナの感染対策として、ソーシャルディスタンス（社会的距離）を取ることが強調されてきました。実際、オンラインでのコミュニケーションもすっかり日常化し、他者と現実空間で接触しなくても十分生きていけると感じている方も少なくないかもしれません。

しかし、これもやはり完成した脳をすでに持っている大人から見た解釈にすぎません。さらに言うと、私たちヒトは生物であるという事実を軽視した考えであると思います。

げっ歯類《しるい》やサルなどの哺乳類動物が身体をくっつけ合って生活しているのと同じように、

ヒトも「密」や「接触」を基本とする生物です。そういう身体や脳の仕組みを、進化の過程で獲得してきた生物なのです。

哺乳類動物が、生後の生存可能性を高めるためには、栄養を養育個体から与えられることが必要なのは言うまでもありません。しかし、それだけでは十分ではありません。養育個体と身体を接触させる経験を通して、両者の社会的絆、すなわち「愛着（アタッチメント）」を形成することが不可欠です。

アタッチメントを最初に理論化したのは、英国の精神医学者、ジョン・ボウルビィ（1907～1990）でした。アタッチメントの本義は、ヒトを含む動物の子どもは親にしっかりとくっつく（アタッチする）ことで身体生理に起こる変動を安定化させ（ホメオスタシス）、生存確率を高めることにあります。

ボウルビィは、その原理を精神活動にも当てはめました。子どもが未知の危機的状況に陥ると、怖れ・不安などの情動の変化や、鼓動が高まる、瞳孔が開くといった身体変化が急激に起こります。未成熟な子どもは、その変化を自らの力で制御することができません。代わって、養育個体の身体にくっつくことで、それを安定化させようとします。こうした経験を「特定の誰か」との間で蓄積していくことで、子どもは精神の安定・安心を得ていくのです。

アタッチメントは乳幼児期に形成されますが、この時期のアタッチメント形成は、その後の脳と心の発達に大きく影響します。たとえば、思春期には新たな世界への巣立ち、挑戦が社会からも求められるようになりますが、そこには大きな不安が伴います。しかし、「いざとなったら、あの人（アタッチメント対象）にいつでもくっつける」という幼少期の体験こそが、それを精神的に支える土台となっているのです。

乳幼児期にネグレクトを受けるなどの不適切な環境で育ち、特定の誰かとアタッチメントを形成する機会がはく奪されると、その後の心身の発達が遅れたり、病気に対する抵抗力が弱くなったりすることが知られています。また、うつ病や多動性障害、解離性障害などが思春期に現れやすくなることも分かっています。

乳幼児期に、ある特定の誰かとしっかりとしたアタッチメントを形成することは、その子の生涯の幸福を左右するほど重要なことなのです。

ドラえもんがのび太くんに寄り添い、共感する理由

では、ヒトはどのようにアタッチメントを形成するのでしょうか。

アタッチメントは、「身体感覚」と密接に結びついています。私たちは他者にくすぐられると、くすぐったく感じます。ところが、自分で自分の身体をくすぐっても、くすぐったいとは感じません。これは、自分でくすぐる場合には、「くすぐっているのが自分の手である」と脳が予測しているからです。しかし、他者にくすぐられているときには、その手の動きが予測できないのでくすぐったく感じられるのです。

「自分の身体は自分のものである」という一貫した身体感覚が崩れてしまう例として、精神疾患のひとつ、統合失調症があります。この症状のひとつに、「させられ体験」というものがあります。「誰かから背中を押されている気がする」「あるはずのないものを感じる」といった陽性症状です。患者さんたちは、自分の行動や考えが、自分ではない他者に侵されていると感じ、苦しまれています。

こうした症状が生じる一因として、自分の身体は自分のものであるという、統一的かつ安定的で一貫性のある感覚が崩れてしまっている可能性が指摘されています。統合失調症を発症する原因が、乳幼児期のアタッチメント形成の不全にあるということではありませんが、自分の安定した身体感覚を獲得することは精神面の発達に大きく影響するのです。

では、私たちはどのように自分の身体の感覚という一貫したまとまりを得ていくのでしょうか。身体感覚は、次の3つの要素によって構成されています。「外受容感覚」「自己受容感覚」「内受容感覚」です。順を追って説明しましょう。

外受容感覚は文字どおり、身体の外側から入ってくる感覚です。具体的には五感と呼ばれる、視覚・聴覚・味覚・嗅覚・触覚がこれに当たります。

自己受容感覚は、筋骨格系の感覚です。たとえば私たちは、自分の身体をどう動かせば目の前にあるコップにたどり着くかを、いちいち計算してやっているわけではありません。身体と環境との間に起こる経験によって、身体をどのように動かせば環境にアプローチできるのかという筋骨格系のマップを脳内につくっているから、コップを取れるのです。

そして最後に、乳幼児期にとくに重要な役割を果たしているのが、内受容感覚です。これは、外受容感覚と対《つい》にして考えると分かりやすいでしょう。身体の内部に生じる感覚で、「内臓感覚」とも呼ばれます。たとえば、お腹がキュルキュルする、痛い、ドキドキする、暑い、おしっこがしたい、お腹が空いた、といった感覚です。

ロボット工学の世界では、ヒトとの共生社会の実現を目指して、ヒトにそっくりなヒユーマノイドロボットの開発が進められています。見た目や動きだけでなく、視覚や聴覚を見事に模したセンサーが搭載されたロボットです。

しかし、よく考えてみると、ロボットに実装されているのは外受容感覚と自己受容感覚だけです。これらのロボットには、内臓がありません。内受容感覚がないのです。自分の身体内部に感じる感覚、痛みや苦しみ、ドキドキ感、高揚感などは、内受容感覚なしに得られません。こうした身体反応を自分の身体で経験できない限り、相手の痛みや苦しみといった感情を理解し、それに共感することはできないのです。ヒトに寄り添い、共生するロボットの実現には、内受容感覚の搭載こそが不可欠です。

フィクションの世界で描かれているドラえもんは、のび太くんの苦しみに寄り添い、ともに涙してくれます。歓びをともに分かち合います。繰り返しますが、ドラえもんにそれができるのは、彼がドラ焼きを食べることができるからです。内臓で「おいしい」とか「お腹がいっぱい」「気持ちいい」と感じることができる存在だからなのです。

乳幼児期の「心地よい感覚」が脳を育てる

内受容感覚の発達は、アタッチメント形成に重要な役割を果たします。

ヒトを含む哺乳類動物は、生まれてから母親から授乳されることで生存します。授乳されると、血中のグルコース（ブドウ糖）が高まり、内受容感覚には心地よい感覚が生じます。大人も同じですね。おいしいものを食べたあとは心地よくなり、眠たくなります。

また、哺乳類動物は、養育個体に身体をぴったりくっつけて育つ点も重要です。サルやチンパンジーの乳児は、母親に抱っこされて育ちます。ヒトを含めた哺乳類動物の子育ての基本は、養育個体との身体接触です。

この身体接触も、乳児の内受容感覚に大きな変化を生じさせます。愛情ホルモンと呼ばれる「オキシトシン」や幸せホルモンと呼ばれる「セロトニン」などが身体内部に湧き立ってくるのです。乳児にとって、抱っこされたり、おっぱいをもらったり、身体をくっつけられることは、内受容感覚に心地よさが生じる最高のタイミングです。

さて、ここまではヒトを含む哺乳類動物すべてに当てはまることです。しかし、ここからがヒトだけが見せる子育ての特徴です。ヒトは、乳児に授乳したり抱っこしたりするとき、なぜか笑顔を向けたり、「おいしいね」「気持ちいいね」と声をかけたりする不思議な生物なのです。

そのようなことを、サルやチンパンジーの母親はけっして行いません。抱っこして授乳するだけです。乳児がおっぱいを飲みやすい姿勢をとってあげたりすることもありません。ヒトの乳児だけが、身体の内部に心地よい感覚（内受容感覚）が高まったまさにそのタイミングで、誰かから微笑みかけられたり（視覚）、声をかけられたり（聴覚）するという経験を積極的に与えられるのです。

こうした経験を日々積み重ねていくと、乳児の脳の中にはある変化が生じます。身体の内部に心地よい感覚が起こっているときに、いつも見聞きする人の顔や声が記憶として結びついていくのです。これを「連合学習」といいます。もう少し具体的にいうと、養育個体に関する外受容感覚と心地よい内受容感覚が、脳の「島皮質《とうひしつ》」という場所で統合され、記憶されていくのです。

大脳皮質のしわの奥に隠れている島皮質は、自己意識、他者への共感、社会的感情、道徳的直観、音楽への感情的な反応、痛み、ユーモア、食の好みなど、ヒト特有の精神機能に深く関わっています。島皮質が成熟するのは、生後1～2歳ぐらいと言われています。この時期、養育個体との経験によって外受容感覚と内受容感覚の統合が進んでいくと、実際に授乳されたり、抱っこされたりしなくても、脳内で記憶として結びついた人の表情や声を見聞きしただけで、精神が安定するようになる。これが、ヒトのアタッチメントが形成される仕組みです。

あまりにつらいことですが、乳幼児期に虐待を受けたり、育児放棄されたりするなど、不適切な環境で育つ子どもたちがいます。その報告数は、コロナ禍で増加し続けています。幼少期にそうした経験を経た方は、その後、生涯にわたって安定した人間関係を築くことに困難を抱えるケースが多いことはすでに述べてきました。脳発達の感受性期にアタッチメント形成がうまくいかないと、誰かと一緒にいてほっとする、安心するという感情を持つことが難しくなります。社会的場面での不安傾向が大きくなり、対人関係に問題が起こりやすくなります。今、「生きづらさ」を抱えている人が増えていると言われますが、その根幹のひとつは、幼少期の経験にあるのではないかと考えています。

脳は「予測」の臓器です。外界から何か刺激が入ってきてそれが認知されるまで、およそ0・1秒かかります。情報が何であるかを理解してから行動を起こしても遅すぎる。それでは生存できないのです。そこで、脳内には、経験に基づいて次に何が起こるかを予測する神経のモデルがつくられています。私たちは何かが起こる前にこのモデルに従って行動し、生きているのです。これを「内部モデル」といいます。

対物関係と違い、対人関係ほど複雑で変化しやすい事象はありません。内部モデルによる予測が外れることで、大きなストレスを抱えることも少なくありません。それでも、対人関係の予測モデルなしに、私たちは複雑な社会関係を築いて生きていくことはできないのです。繰り返しますが、対人関係の予測モデルをつくる土台となっているのは、幼少期のアタッチメントです。この土台なしに、他者との関係を広げていくことはできません。

アタッチメントの対象は、実の親でなくても、血縁関係のない者でもいいのです。いつも安定して関わってくれる、いつもくっつける誰かが、乳幼児期には絶対に必要です。子どもたちの将来は、家庭環境によって左右されるべきではありません。すべての子どもたちを、誰一人取り残すことなく社会が守らなければいけません。

そのために何をすべきか――。これを考えるために、科学の知見がもっと活用されるべきだと思っています。

おじいちゃん、おばあちゃんとの触れ合い

文部科学省や厚生労働省などが、ヒトの脳の発達の仕組みについてもっと理解を深め

て「未来の日本を支える国民の心身の健康を守ることが必要だ」と明確に提言し、施策につなげてくれると良いのですが、残念ながら今の日本ではこのような意識はまだまだ薄いと感じます。ここが、イギリスをはじめとするヨーロッパ諸国との決定的な違いです。「次世代は国の宝」であるという認識、文化的価値を持っている国の迅速な動きを見ていると、とてもうらやましく感じます。

さて、「新しい生活様式」に話を戻しましょう。

家庭内で、お母さんやお父さんがマスクを外して十分な身体接触をすれば、子どもの脳や心には問題など起こり得ない、と言う人もいるかもしれません。ですが、家族の範疇を超えた多様な他者の表情を見る機会や身体接触が減ることは、子どもの脳の健全な発達という点においては明らかにマイナスです。とくに幼児期は、ある特定の誰か（多くの場合、お父さんやお母さん）との間に形成されたアタッチメントを、先生や友達、近所の方など多様な他者との関係を築くことで、社会性を発達させていく時期だからです。

コロナの感染拡大によって、離れて暮らすおじいちゃんやおばあちゃんに会うことを控えようと呼びかけられてきました。最近では、帰省する代わりに、スマホやパソコンによるリモートでのオンライン面会も一般的となりました。人と人との関係においてITを活用すること自体は、悪いことではありません。ただ、意識しておくべき点はあると思います。それは、先述の「身体感覚」に関わる問題です。

おじいちゃんやおばあちゃんとオンラインで顔を合わせ、「久しぶりだね」「元気だった？」などと会話する場面を想像してみてください。この時、私たちの身体が得ている情報は視覚と聴覚の情報に限られています。おじいちゃんやおばあちゃんに抱きしめてもらった、手をつないだという身体接触によってもたらされる心地よい感覚、内受容感覚は得られないのです。

ただし、コロナ禍前の経験の蓄積によって、おじいちゃんやおばあちゃんの顔や声が心地よい内受容感覚と結びついて記憶されている場合には、オンライン会話による視覚、聴覚情報だけでもある程度の満足は得られると思います。しかし、そうした経験がない者にとっては、その感覚はまったく異なるでしょう。おじいちゃんやおばあちゃんと直接触れ合った経験があまりない子どもたちにとっては、その温もりや安心感をオンライン会話で得ることはできないのです。

コロナに感染してはいけない、感染させてはいけないからと、遠くに住むご家族との面会を泣く泣く控えている方も多いと思います。しかし、感染状況が落ち着いてきたら、感染対策との両立を図りながら、積極的にともに触れ合っていただきたいのです。とくに、子どもたちにとっては社会性を育むうえで貴重な機会となります。

私が危惧するのは、オンラインでのコミュニケーションが当たり前になると、誰かと直接会いたい、触れ合いたいという動機すら起こりにくくなるのではないか、という点にあります。

外界から入ってくる視覚や聴覚などの外受容感覚は、感情を生み出す内受容感覚と統合されることで、美しい、心地よいなどの意識、価値づけ（感性）がなされます。しかし、ITがとくに対人関係の文脈で過度に活用され過ぎると、外受容感覚に偏った情報処理で世界を理解する、つまり、私たちとは異なる感性を持つ世代が誕生してくるかもしれません。

「なんでもすぐ消毒」の弊害

ヒトの脳と生涯にわたる心の健全な発達において、身体接触が重要となる理由をもうひとつ述べたいと思います。

乳幼児にとって身体を介した触れ合いがきわめて重要なのは、この時期の身体感覚を獲得することと、アタッチメントを形成することにとどまりません。体内に生息する細菌を活用し、免疫を高める上でもきわめて大きな役割を果たします。

最近、私たちの研究室では、腸内細菌が脳と心の発達とどのように関連しているのかを明らかにする研究に取り組んでいます。日本で初めて、日本人乳幼児とそのお母さん、計4000人以上の腸内細菌叢《そう》(腸内フローラ)と精神機能(認知発達やストレスなど)に関するデータベースをつくり上げました。

ヒトの腸内には、およそ1000種類、100兆個もの腸内細菌が棲んでいると言われています。ヒトの消化酵素で分解できない成分を分解するだけでなく、ビタミン類や乳酸、酪酸《らくさん》など、私たちの生命維持に有用な物質をつくり出してくれています。また、病原菌の繁殖を防ぐとともに免疫細胞を刺激して、私たちの免疫機能を調整する働きも担っています。

腸内細菌叢がどんな種類の細菌で構成されるかは、個人によって、また民族によって大きく違います。たとえば、大半の日本人は海苔やワカメを分解して腸内細菌の餌とする酵素遺伝子を持っていますが、他の民族はそれをあまり持っていません。また、食物繊維を分解して腸のエネルギー源となる酪酸を産生する菌が多いのも日本人の特徴です。

最近、重要なことが分かってきました。個人が持つ腸内細菌叢の形成にも、脳と同様、「感受性期」があるのです。3～5歳くらいまでに、私たちが生涯を通じて持つレギュラー菌の構成が決まるのです。

乳酸菌やビフィズス菌がたくさん入った健康食品などがよく売られていますが、腸内細菌叢を構成するレギュラー菌が大きく変わるわけではありません。乳酸菌やビフィズス菌のおかげでお腹の調子は良くなるかもしれません。しかし、これらの菌は腸内にある程度の期間は存在しても、定着することはないとされています。抗生物質を飲めば、病原菌だけでなく腸内細菌の組成も大きく変化してしまいますが、時間の経過とともにもとの腸内細菌叢に戻ります。そのくらい、乳幼児期までにつくられる腸内細菌叢は、その人の心身の健康の土台となるものなのです。

細菌叢は、出産時（自然分娩の場合）にお母さんのものをそっくりそのまま受け継ぎます。その後、さまざまな食べ物を摂取したり、モノに触れたり口でなめたりすることで、多種多様な菌が体内に定着していきます。しかし、コロナの感染拡大によって、エタノールなどによる滅菌消毒が徹底される日常となりました。そうした環境の大きな変化は、腸発達の感受性期にある子どもたちにどのような影響を与えているのでしょうか。

通園バスに乗るとき、園や学校の入り口、食事の前、遊びの後、さまざまな場面で子どもたちは毎日頻繁に消毒を求められます。コロナウイルスを殺すだけでなく、ひょっとすると腸内細菌叢の発達にも何かしらの影響を与えている可能性はないのでしょうか。

腸内細菌叢は、「幸せホルモン」とも呼ばれるセロトニンの産生に関わっています。セロトニンは神経伝達物質であり、その90%は脳ではなく腸に存在しています。セロトニンの不足が、うつ病やパニック障害などの不安障害の発症リスクに関与することも分かっています。腸が「第二の脳」と言われるゆえんです。

「脳腸相関」という言葉もよく使われます。精神的なストレスがあるとお腹が痛くなりませんか。これが深刻化すると、下痢や便秘を繰り返す過敏性腸症候群（ＩＢＳ）と診断されます。反対に、腸の調子が悪くなると、脳の働きにも悪影響が現れ、不安が増すと言われています。

生涯もつ腸内細菌叢の基本がつくられる乳幼児期に過剰な感染対策を行うことが、この時期の子どもたちの脳や心の働きに実際に影響を及ぼしているのかどうか、さらに、それが今後どのような影響として現れてくるのかについてはまだ何も分かっていません。

過度に徹底した滅菌消毒を求めることが、腸が急激に発達するこの時期の子どもたちにとって、そしてこの子たちのこれからにとって良いことなのかどうか――。私たちはもっと冷静に、長期的な視野で考える必要があるのですが、残念ながら、コロナ前の日本人の子どもたちのデータはありません。今後も子どもたちの育ちをいっそう注意深く見守っていく必要があります。

急に「マスクを外そう」と言われても……

ここまで、乳幼児期を中心に、コロナ禍での脳と心の発達について見てきました。先述したように、乳幼児期は、とくに視覚野や聴覚野の発達の感受性期です。環境の影響をとりわけ強く受けながら、脳が可塑的に発達する重要な時期です。その後、就学前くらいまでには視覚野や聴覚野の感受性期は終わりを迎え、環境からの影響を受けにくくなります。

では、学童期以降はどうでしょうか。この時期からは、より高次の認知機能に関わる脳部位が感受性期を迎えます。とくに「前頭前野《ぜんとうぜんや》」と呼ばれる、ヒトが特異的に進化の過程で獲得してきた脳部位の感受性期が始まります。

生後4年を迎えるあたりから、子どもたちの前頭前野は環境の影響を大きく受けて発達します。前頭前野の感受性期には2つの時期があります。ひとつめは、この4歳あたりから、そしてもうひとつの時期は、思春期です。思春期には、さらに環境の影響を強く受けて前頭前野の神経ネットワークが変化します。

こうした知識を踏まえて、ここからは、これまで徹底されてきた感染対策や新しい生活様式の長期化が、学童期から思春期の子どもたちにどのような影響を及ぼしてきたのかを振りかえってみたいと思います。

今、小中高校に通っている子どもたちは、幼少期にはコロナ禍以前の生活を体験している世代です。幸いなことに、マスクをせずに、身体をくっつけあって他者とコミュニケーションしてきた経験がある世代です。

この世代の子どもたちにとって、パンデミックによって強いられた新しい生活様式の実践は、意識するしないを問わず、間違いなく心身にストレスをかけてきたと思います。友人と身体をくっつけ合って遊ぶ。「おいしいね」とおしゃべりしながら笑いあって給食を食べる。こうした彼らの日常の当たり前が、ある日突然奪われてしまったのです。

親や先生、周囲の大人から「マスクをちゃんとして」「消毒して」「友達と机を離して」

「おしゃべりしないで」と緊張感を持って言われたら、子どもたちはそれに従うしかありません。パンデミック当初のあの緊張、空気感を、子どもたちも十分感じていたはずです。当たり前にあった楽しい日常が奪われたとき、子どもたちはよく事情が分からないけれども、とにかく大人から求められることに頑張って従ってきたのです。

しかし、友達と触れ合ってオキシトシンを高め合っていたときのあの心地よい記憶は、彼ら彼女らの脳内にはしっかりと刻みこまれているわけです。コロナ禍以前の生活とのギャップは、子どもたちの心に影響を与えたことでしょう。個人差はもちろんありますが、大人とは異なる側面で大きなストレスを抱えることになったと思います。

しかし、あれから3年。子どもたちは、今、ようやくこの新しい生活に順応してきたところです。それにも関わらず、最近では「熱中症になるからマスクを外そう」「登下校中や運動中はマスクを外していいよ」と、突然言われるようになりました。マスク着用を前提とした状況のなかで社会関係を築いてきた子どもたちにとって、マスクを外すことは、また新しい状況に順応しなければならないことなのです。

「早く撮影が終わってほしい、マスクをしたい」

マスクを外すことを子どもに求めるならば、それはもっと慎重に進めるべき問題だと思います。「マスクなし生活は子どもにとって良いことだ」といった単純、短絡的な理解ではいけないのです。マスクを外させるという強制は、子どもたちのストレスをかえって助長させる恐れもあります。

ある中学3年生の生徒から聞いた話です。卒業アルバムをつくるために、ある日、マスクを外す機会がありました。その時、クラスメートのマスクのない顔を初めて見て、「こんな顔してたんだ」と、とても驚いたそうです。そして、彼女は「早く撮影が終わってほしい、マスクをしたい」と思ったそうです。自分もクラスメートから「あんな顔だったのか」と見られることが不安だったといいます。2年以上もマスクをする生活を続けてきた今、改めてマスクを外すことは、とくに対人関係に敏感となる思春期の子どもたちにとっては不安を高めることにもなりうるのです。

もうひとつ、修学旅行についての話も印象に残っています。ある中学校では、コロナの感染拡大で二度延期になった挙句、最終的には全面中止となってしまいました。その決定を先生から受けたとき、その子は残念だとはまったく思わなかったそうです。「修学旅行に行ったって、みんなで黙ってバスに乗って、黙ってご飯食べるだけでしょ」といった気持ちが前提にあったと。友達と密な時間をもちたい、楽しみたいという期待すら抱けなくなっているのです。期待してもかなわないことがあまりにも長く続く日常の中で、子どもたちなりにストレスに順応してきた結果でしょう。

これはあくまでも私の印象であり、科学的に示されているわけではないのですが、コロナによる生活の変化で大きなダメージを受けた子どもたちを見てみると、ある共通する特徴があるように思います。

そのひとつは、パンデミック以前の日常で、先生や友人からの反応によって自分の価値、自信を高めようとするタイプ、いわゆる社会的、外向的なタイプのお子さんです。たとえば、生徒会長になってみんなをリードしたい、外国人とコミュニケーションしたい、ボランティアに参加したいなど、他者との関係を積極的に求めてきたお子さんです。パンデミックによって、人と人との直接的な関係は希薄になりました。こうした外向的なタイプの子どもたちは、自分の頑張りを他者、社会から認めてもらう、ほめてもらうことで、その反応を「鏡」として自分の価値、自己肯定感を高めてきました。

しかし、そうした機会が得られにくくなったコロナ禍では、彼らは自分の価値を確認しにくくなった、自信が得にくくなったのです。「この子は社交的、積極的だから大丈夫だろう」という先入観で子どもたちを見てしまうと、彼ら彼女らだからこそ高めやすいストレスを見逃してしまう危険があります。

対照的に、プラモデルをつくったり、プログラミングしたりなど、モノを相手とする活動に没頭するのが好きなお子さんは、コロナ禍での環境変化の影響を比較的受けにくかったように思います。

コロナが変えた新しい生活様式の中で成長してきた世代、そしてこれから生まれてくる世代の子どもたちは、今後どのように脳と心を発達させていくのでしょうか。大人になったとき、どのような脳や心を持つ存在になっているのでしょうか。「いま・ここ」だけを見るのではなく、より長期的な目で子どもたちを見守っていく必要があります。ただし、小中高校生たちがマスクをした生活を続けていくことによる社会性の変容については、比較的早い段階で見えてくる、エビデンスが示されると思います。

学力さえ落ちていなければ問題ないのか

先日、文部科学省が、令和4年度の小中学生を対象とした「全国学力・学習状況調査」

結果を公表しました。全体で見ると、コロナ禍の前後で学力低下などは見られなかったといいます。概して「問題はなかった」という説明に、多くの方が安堵されたでしょう。

しかし、「問題はなかった」として解釈してしまうことは、私は危険だと感じます。なぜなら、子どもたちはこの2年あまり、部活動や文化祭、合唱コンクールなど、いわゆる机上の学び以外の活動の大半が制限され、机上の勉強以外の活動を行う選択肢がなかったからです。学力という指標だけでは評価できない能力、たとえば感性や協力性、社会性といった側面の能力については、この調査結果にはまったく反映されていないのです。

音楽の授業では、飛沫を飛ばさないよう「声を出さないで、心の中で歌うように」と指導されていると聞きました。先生がピアノを弾いて、子どもたちは起立したままただ黙っている。コロナ前と比べると、なんとも表現しがたい異様な光景です。

合唱やダンスなどの身体を使った集団活動は、ヒトに特有の脳と心の発達を支える重要な経験となります。脳科学や心理学の分野でよく知られていることですが、目の前にいる他者のしぐさ、表情、動きなどに同調する（真似する）と、その人に対する親和的な気持ち、仲間意識が高まるのです。私たちは、誰かの話を聞いているとき、うなずいたり合いの手を入れたりします。こうした同調行動によって、互いの共感が高まり合い、心的距離が縮まっていくのです。

野生チンパンジーの研究のために私が滞在していた西アフリカでは、現地に住む人たちは何かあるごとに一緒に踊ったり歌ったりしていました。その輪を構成するメンバーは、場面に応じて変わります。日本のお祭りでも、お神輿を担いで、「わっしょい、わっしょい」と同じリズムで行動を共有しますね。こうした集団での同調行動は、社会性動物であるヒトにとってきわめて重要です。メンバー間の絆、集団内の結束を高めていくことにつながるからです。

アフリカの方々のように自発的に行われるものではありませんが、日本では、学校での音楽や体育の活動がまさにそうした経験を得られる時空間となっています。みんなで合唱し演奏する、ともにリズムを刻む、身体を伴って他者、集団と同調するという経験は、仲間同士の信頼や絆を深め、社会性の発達を支える重要な役割を果たしています。きわめて社会的な生物であるヒトが生存するうえで不可欠なものです。

「学力が落ちていないから問題ない」という解釈はあまりに短絡的である、と申した意味がお分かりいただけたでしょうか。社会性の発達を支える重要科目の評価を無視して大丈夫としてしまってはいけないと思います。こうした経験が得られる重要な教科がコロナで制限されてしまうこと、その問題の重要性に気づかないことは本当に残念でなりません。

先生や友人の表情がマスクで隠されてしまったり、身体接触が制限されたりしている学校生活の日常経験も、子どもたちの心に少なからぬ影響を及ぼしてきたのではないかと心配しています。

先生が子どもたちに、にっこり笑って「よくやったね」と頭をなでる。こうした何気ないやりとりが、子どもたちの自己効力感を高め、また頑張ろうという動機づけにつながっていたはずです。とくに学齢期は、親だけでなく、先生や友人をはじめとするさまざまな他者から褒められることで、「やればできるんだ」「チャレンジしよう」という動機と冒険心を高め、巣立ちの準備を始めていく時期です。

しかし、先生や友人の表情が確認できない、触れ合うこともできない日常で、子どもたちは自分に自信と勇気を高めていく機会を得られにくくなっていると思います。自分自身を評価する手段、機会が減っている日常では、「テストで何点取ったか」という数値で示される指標が、自分を評価する手段となりがちです。

いわゆる進学校では、ある程度それでもよい（少なくとも保護者は安心する）のかもしれませんが、それがすべての子どもたちに当てはまるわけではありません。音楽でもスポーツでも趣味でも、何でもいいのです。客観的指標による他人との比較だけではなく、「昨日の自分よりも、今日の自分のほうがよい」と自ら実感できる経験を得ることが、ヒトにとっての真の幸福につながると私は思っているのですが、そうした自信を日常的に高めてくれる先生や友人との関係がコロナ禍で変化してきたことはとても気がかりです。

想像力をつかさどる前頭前野

ここで、思春期特有の脳と心の発達について見ていきましょう。思春期は脳科学の観点からもたいへん興味深く、とても重要な時期です。

大脳皮質において比較的早くに成熟する、つまり環境の影響を受けにくくなるのは視覚野、聴覚野だという話をこれまでしてきました。他方、ヒトの脳で最もゆっくりと発達し、最も遅く成熟するのは「前頭前野」と呼ばれる部位です。ヒトが持つ前頭前野の働きは、目の前にはないものに対してイメージしたり、推論したり、未来について考えたりという、ヒトに特有の高度な認知機能を担う脳の中枢です。ヒトにもっとも近縁なチンパンジーでも、長期的な未来についてイメージしたりすることは困難です。ある実験によると、15分後くらいまでは未来のイメージが可能だそうです。

前頭前野の働きは、ヒト特有の社会性にも深く関連しています。ヒトは、他者の心の状態を自分の心の状態と意識的に切り離して理解することができます。

たとえば今、私に嬉しいことがあって幸せな気持ちであったとします。しかし、その喜びを分かち合いたくて友人と会ったら、悲しいことがあったようで泣きじゃくっている。その姿を見た私は、彼女に自分の喜びを伝えることを止め、代わりに慰めよう、話を聞こうとするでしょう。自分の心を抑え、相手の立場にたって考える。そして、自分はその相手にどのようにふるまったらよいのか、何をしたらいいのかをイメージする。こうした心の働きは、前頭前野が中心となって担っているのです。これほど高度で複雑な関係を他者と築き、生きているのはヒトだけです。

ここで、前頭前野の発達について復習しましょう。前頭前野の発達における感受性期は2期ありましたね。第1期は平均して4歳くらいです。この頃、前頭前野にある神経ネットワークの密度はピークを迎え、環境の影響を大きく受けながらどのネットワークを残すか消すかの取捨選択が急激に行われ始めます。

子どもたちは、この時期大きく成長します。たとえば、このような場面をイメージしてみましょう。子どもの目の前にペンが置いてあって、そのペンの向こう側には衝立《ついたて》がある。さらに、衝立の向こう側には他の人がいるとします。前頭前野の感受性期第1期の前段階にある子どもは、「自分にはペンが見えているから、あの人にも見えている」という理解にとどまります。しかし、前頭前野の感受性期に入ると、「自分にはペンが見えているけれども、あの人から見ると、衝立が邪魔をしているからペンは見えていない」とイメージ、理解するようになるのです。つまり、他者が、どのような場面でどのようにものを見たり感じたりしているかを、相手の視点、立場にたって柔軟にイメージできるようになるのです。「視点変換」と呼ばれる認知能力です。すごい能力ですね。なぜこのようなことができるのかを脳科学者も知りたいと思っていますが、そのメカニズムについてはいまだ分かっていません。

4歳前の子どもたちにとっては、視点変換によって相手の心をイメージするのはまだまだ難しい。ですから、「自分がこうしたいのに、どうして許してくれないの？　ダメなの？　いやー！」となってしまいがちなのです。「イヤイヤ期」の真っただ中です。

そして、4歳を過ぎる頃から、こうしたふるまいが少しずつおさまってきて、イヤイヤ期も卒業を迎えますが、これは前頭前野の急激な発達が深く関わっているのです。「お気に入りのおもちゃをずっと独り占めしていたいけれど、お友達が使いたいって言っているから、我慢して貸してあげなきゃ」と思えるようになる。前頭前野の働きによって、相手の視点に立てるようになった証拠です。

この頃から、未来についてイメージする能力も大きく発達します。「今、嫌なことをちょっと我慢したら、あとで先生が褒めてくれるかもしれない」というふうに思えるようになるのです。だから、「いま・ここ」の嫌なことを、未来の良いことをイメージしながら我慢できるようになる。この時期には、さまざまな他者とコミュニケーションすることで、異なる相手の心を状況に応じて想像し理解しようとする機会を豊かに提供していきたいものです。こうした経験によって、前頭前野の発達が進んでいくのです。

成人しても脳は成熟しきっていない

そして、前頭前野の感受性期の第2期は、思春期です。この時期に環境の影響をさらに大きく受けて前頭前野が発達します。そして、それが成熟するまでには、なんと25～

30年かかるのです。

米国で行われた素晴らしい研究があります。統合失調症や不安障害などの精神疾患は、思春期に集中して発症することが分かっています。子どもたちが苦しむ前にそのリスクを見出し、薬を使わずに予防的にケアを始める取り組みが進められています。こうした流れを受けて、この研究ではそれぞれの子どもが、4、5歳の頃から二十数歳になるまで、脳がどのように発達するか（構造の変化）を追跡調査しました。どのような脳発達の特徴を持った子どもが、どのような認知・行動発達をとげていくのかを明らかにするためです。

予想通り、視覚野と聴覚野は、7～8歳には成熟を終えていることが分かりました。しかし、二十歳を過ぎても、まだ脳の構造が変化し続けている場所がありました。それが前頭前野だったのです。ヒトという生物は長い時間をかけて環境に適応しながら脳を完成させていくことを、この研究は見事に示しています。

ここで、あることに気づきませんか。身体機能の成熟は14～15歳くらいに完成します。生殖機能の面でも、子どもをもうけることは可能になります。しかし、脳の完成は、それよりもさらに十年以上の年月がかかるのです。身体と脳の成熟には、これほど大きなギャップが存在するわけです。

2022年4月に、日本の成人の定義が18歳へと引き下げられました。見た目や身体の成熟にその根拠を置いているのか、義務対象の枠を今後拡大していきたいからなのかは分かりませんが、少なくとも脳科学が示す証拠とは真逆の方向で成人が定義されています。

先日、ある新聞紙面に次のような記事が載っていました。児童養護施設の先生のインタビューです。法律に基づき、児童養護施設で育った子どもたちは、たとえどんな事情があっても20歳になったら施設を出ていかなくてはならない。しかし、施設長としてのこれまでの経験を踏まえると、25歳ぐらいまでは大人が見守り続けていく必要があると感じる。施設を出たあと、どのように彼らを守ってやったらよいのか、という内容です。

そのとおりだと思いました。身体上の見た目は大人でも、20歳程度では前頭前野はまだ成熟を迎えていません。成人年齢が引き下げられたことで、児童養護施設を18歳で出ていかなければならなくなるのでしょうか。

クレジットカードをつくって高額なローンを抱える、安易に雇用契約を交わしてしまうことによるトラブルなど、成人年齢の引き下げによって生じる問題点が懸念されています。これらは当然起こりうる問題です。彼らは、身体は一人前でも脳や心はまだまだ発達の途上にあるのですから。保護者の手は離れても、目では見守り続けなければならない、いまだ養護が必要な存在なのです。

ヒトがチャレンジできるのは思春期が長いから

私もそうですが、思春期の子どもをもつ親御さんの中には、「彼らの言動を理解できない」「イライラする」と深く悩んでおられる方も多いと思います。思春期はいわゆる「第2の反抗期」ですね。この時期の子どもたちは、なぜこれほどまでに大人にとって不可解な行動をとりがちなのでしょうか。じつは、ここにも思春期特有の脳の発達が関与しています。

「大脳辺縁系《だいのうへんえんけい》」と呼ばれる、大脳皮質の奥のほうに埋もれている場所があります。扁桃《へんとう》体《たい》などが含まれる大脳辺縁系は、ヒト以外の生物にも共有されている進化的に古い脳部位なのですが、実はこの大脳辺縁系の活動が高まりやすいのが思春期です。

では、大脳辺縁系はいったいどのような働きをするのか。一言でいうと「感情爆発」です。イライラする、ドキドキする、何だかしんどい、不安でしょうがないなど、自分の意志ではコントロールが難しい感情を湧き立たせる場所、それが大脳辺縁系です。

では、思春期に大脳辺縁系の活動がとくに高まるのはなぜでしょうか。それは、大脳辺縁系が、第二次性徴期に起こる性ホルモンの高まりによって急激に成熟するからです。

みんなで話しているとき、誰かから嫌なことを言われたとします。この時、多くの大人は「今ここで我慢しておかないと、みんなに嫌な思いをさせてしまう」などと気持ちを切り替え、我慢しようとするでしょう。なぜこのようなことができるのかというと、大人は成熟した脳、前頭前野を持っているからです。先に説明しましたが、前頭前野は、未来についてイメージしたり、相手の立場になって考えたりすることを可能にします。前頭前野の働きによって、大脳辺縁系の活動をトップダウンで抑え込むことができるのです。

しかし、前頭前野の完成には25年以上の年月が必要でした。つまり、思春期の子どもたちの前頭前野はまだ未成熟であり、大脳辺縁系の活動を制御することが難しいのです。おまけに、第二次性徴期には性ホルモンの影響を受けて大脳辺縁系が急激に発達するので、感情爆発がとても起こりやすい。「理性で感情を抑え込む」ことがまだ難しいのです。思春期の子どもたちが明確な理由もなくイライラしたり、不安を抱え込んだりするのは、

大脳辺縁系と前頭前野の発達的関係

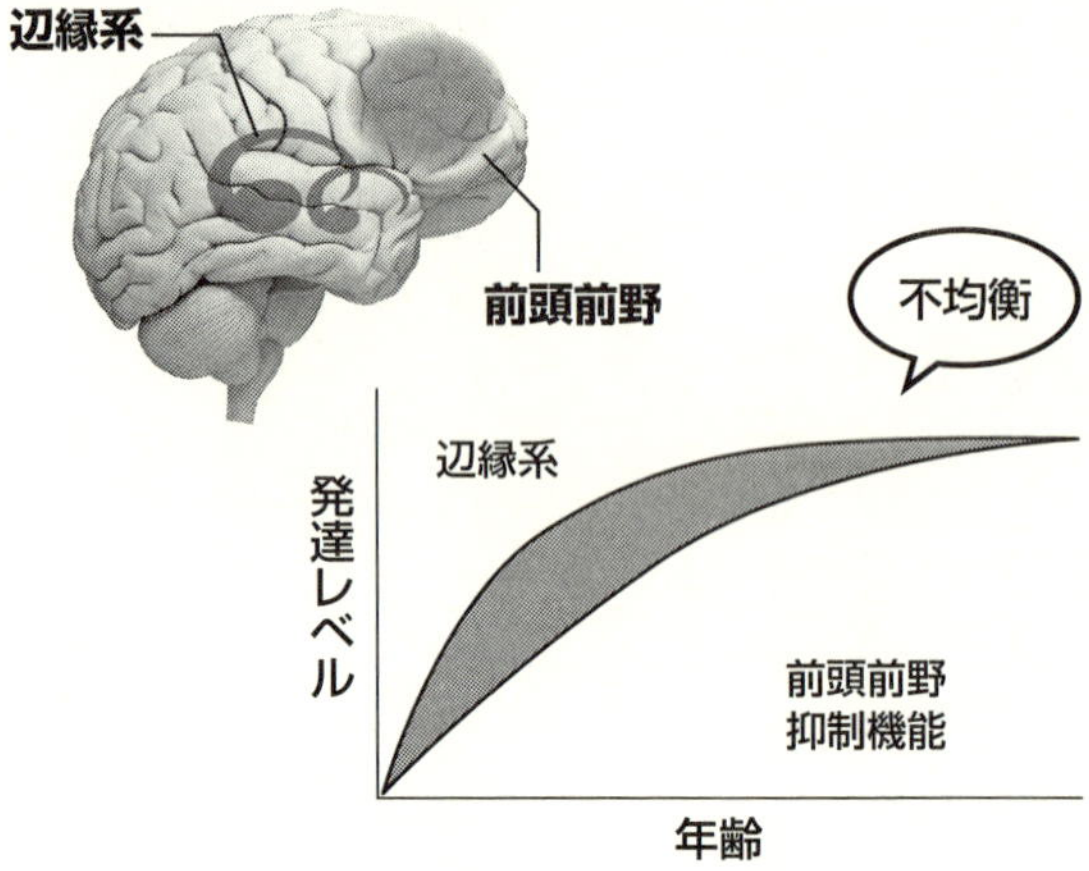

思春期には、性ホルモンの影響を受けて大脳辺縁系が急激に発達する。しかし、辺縁系の活動を制御する前頭前野はいまだ未成熟である

彼らの心が壊れているからではありません。脳の発達のプロセスそのものなのです。

ここまで、思春期についてあまり良くないイメージで話を進めてきたかもしれません。しかし、この時期には大人とは異なる、思春期ならではの魅力があります。前頭前野がいまだ未成熟であるからこそ、未来に起こりうるリスクや不安に縛られることなく、自分の好奇心、冒険心のままに、いろいろなことに挑戦できるのです。親から温かく守られて育ってきた巣から飛び立ち、自立して生存していくために、そして新たな世界への冒険・挑戦を行うために、思春期の脳はこのような特徴を持っているのです。

ヒトの思春期は、今では12歳頃から始まるでしょうか。脳の成熟でいうと、大人になるまで25年もかかる。これほど思春期が長い生物は霊長類の中でもヒトだけです。自分たちの起源であるアフリカの地を出て新しい環境に挑み、世界中にどんどん広がっていった。こうした人類の歴史にも、思春期特有の脳と心の働きが関わっているとみられます。

「マスク世代」の子どもたちの脳はどうなる?

思春期は、親をはじめとする近しい人との関係だけでなく、いろいろな人との出会いを経験しながら、喜びや悲しみ、絶望などを経験していく時期です。こうした経験を積み重ねながら、自分とは何者なのか、どのような存在なのか、といったアイデンティティを形成していくのです。

そのためには、不安を抱えながらも新しい世界へ飛び込みたいという動機、好奇心を持続的に高めていくことが必要です。しかし、マスク生活が日常化した今、子どもたちは相手の表情を理解する手がかりすら得られません。非接触、移動制限が求められる日常で、行動に移すこともままなりません。

その一方で、若者たちは、実世界とは異なる時空間で多くの時間を過ごすようになっています。サイバー（仮想）空間での生活です。

今、日本政府は「Society5.0」と呼ばれるサイバー空間とフィジカル（現実）空間を融合させた新しい社会の実現を目指そうとしています（内閣府ホームページ「科学技術・イノベーション」参照）。最近よく聞くようになった、コンピュータネットワークの中に構築された三次元のサイバー空間を指す「メタバース」も、このSociety5.0の構想の中にあると言えます。

メタバースでは、他のユーザーとのゲームやコミュニケーションだけでなく、買い物や仕事、公共の手続きまで、日常のすべてをサイバー空間で行うことが目指されています。ＶＲ（バーチャルリアリティ）技術を使えば、サイバー空間がまさにフィジカル空間での体験と同じように感じられます。

メタバースでは、アバター（自分の分身となるメタバース上のキャラクター）を使えば、身体面でハンディキャップを持った人でも、そうした制約に縛られることなく自由にふるまうことができる。性別を超えたジェンダーフリーの自分にもなれますし、大人だっていつでも子どもに戻ることができる。「フィジカル空間で縛られている自分を解放した、自由な世界がそこに待っている」というのが、メタバースを推進する人たちの主張です。

確かに、メタバースの時空間では、感染症のことなど気にする必要はまったくありません。ポストコロナ社会に向けて、政府はいっそうSociety5.0の推進を目指しています。しかし、生物について学び、自分も生物であることを自覚している私には、「自分の身体こそが自分という存在そのものである」という強い思いがあります。自分の身体を通して感じた痛み、苦しみの経験があるからこそ、他者の痛みや苦しみが手に取るように、自分のことのように感じられる。これこそが、ヒトという生物の根幹ではないでしょうか。身体の制約を取り払ったその先に、本当にユートピア（理想郷）はあるのでしょうか。

そうした相手との体験も、アバターで代替できるという主張があるかもしれません。しかし、アバターでは「体験」は得られても、「体感」は得られません。何か新しいもの、美しいものに出会った瞬間、私たちの身体にはある反応――鳥肌がたつ、身震いする、汗が出るなど――が起こります。そうした身体反応こそが、感動や興奮、心の揺さぶりをもたらすのです。これを「感性」といいます。今後、アバター同士でのコミュニケーションが日常化したとき、私たちは感性を持つ生物として生きているでしょうか。

私は、生物が持つ身体の役割に、もっと敬意を払うべきだと感じます。脳と身体、心は別々のものであるかのように思われがちですが、「身体＝脳」であり、「身体＝心」です。私たちが獲得してきたパンデミックの経験は、ヒトの本性を再考する契機でもありました。フィジカル空間で表情を見せ合ったり、触れ合ったりすることが、ヒトにとって、とくに環境の影響を強く受けて育つ子どもたちにとってどれほど重要であるか、改めて理解できたように思います。

今後、コロナと共生する時代は長く続くことでしょう。だからこそ、私たちは子どもたちに何を我慢させ、何を我慢させてはならないのかを見極めたうえで、しかるべき環境を提供する必要があります。子ども期は、一度きりです。巻き戻すことのできない彼らの時間に責任を持って対応していかなければなりません。

これまでの保育や教育の価値観、方法のレベルをはるかに超えた発想のもと、子どもたちを、次世代を守っていくことが必要です。

第2章

ポストコロナ時代を生きる子どもたちに何ができるか

マスクを外すこともひとつのハードル

オミクロン株になって、重症化率や致死率がパンデミック当初に比べて低くなったことから、ウイルスが「弱毒化」したと指摘する専門家もいます。徹底したマスク着用にどの程度の感染予防効果があるのか、この点に疑問を持つ方も増えてきたように思います。

しかし、子どもたちは違います。そうした疑問を持つきっかけもないまま、大人が守ってきたマスク着用の日常を今も守り続けています。さすがに夏場には「熱中症にかかる危険があるから屋外ではマスクを外しましょう」と伝えられるようにはなってきましたが、マスクを外すことに心理的な抵抗を覚える子も少なくないと聞いています。

よく考えてみたら、これは当たり前のことです。マスク着用の日常は、大人にとってはわずか2、3年のことかもしれませんが、幼い子どもたちにとっては彼らのこれまでの人生の多くを占めているわけですから。マスクを日常つけるか外すかの選択は、大人が考える以上に大きなことでしょう。

コロナウイルスと共生する日常は、これからも長く続くはずです。そうした中、私たち大人が今こそ考えなければならないことがあると思います。それは、子どもたちが「自らの意思で」マスクをつける、外すという決断ができる雰囲気を日本社会に取り戻すことです。

「マスクを外そう、と子どもたちに伝えればそれで済むことだろう。何が問題なのか」と思う方も多いと思います。しかし、私にはそうは思えません。

パンデミックが始まってからしばらくは、大人だけでなく子どもたちにとっても、心身に緊張、ストレスを強いられる日々の連続であったと思います。国立成育医療研究センターが公表した2021年8月の報告によると、コロナ前に比べて、小学校高学年から高校生までの「約半数が先生や大人に話しかけにくくなった」「7割超が何らかのストレス症状を抱えている」「15〜30％に中等度以上のうつ症状がみられた」、未就学児でも「支援の必要がある子は20〜40％になった」そうです。子育て中の親、子どもたちが抱えている深刻な実態がリアルに伝わってきます。

第1章で述べましたが、小学校中学年から高校生の時期の子どもたちは、コロナ前の日常が脳内にしっかり記憶として残っている世代の子どもたちです。彼ら彼女らは、その記憶を封印して、突然始まった新しい生活様式に順応するため、これまで頑張ってきたのです。

そして今、子どもたちは、さらなる努力を強いられる時期を迎えることになるかもしれません。マスクのない日常へと戻すことです。大人にとっては喜ばしく、取るに足らないことかもしれません。しかし、子どもたちにとっては、また新たな生活様式に順応するために時間とエネルギーが必要となる。これほど大きな変化なのです。子どもたちが現行のマスク生活からの脱却をどう考え、何を選択していきたいのか――。その思考のプロセスをゆっくりと丁寧に見守っていかなくてはならないと思います。

自分の顔をさらけ出すことに対する不安

先日、こんなことがありました。この夏、カナダで開催された学会に参加してきたのですが、帰国後、私が「カナダでは、すでに多くの人がマスクを外して生活していたよ」と話したところ、わが家の子どもたちは「でも、私はもうちょっとマスクをしていたいな」「マスクがないと、やっぱり不安だ」と言うのです。私は内心、「自分たちも、早くマスクを外したいんだ」という反応が返ってくるだろうと思っていたので、とても意外でした。

その理由を尋ねてみました。もちろん、「マスクを外すとコロナに感染するかもしれない」という不安もあるようなのですが、一番の理由として挙げたのは、「自分の顔を見られるのが恥ずかしい」ということでした。

確かに「顔」は、私たちにとって特別なものです。個人のアイデンティティそのものと言っていいくらいです。他の身体の部分を隠す、たとえば手に手袋をはめることと、顔にマスクをつけることとはその意味合いは大きく異なるでしょう。パスポートチェック、入国審査なども、今や顔画像の認証によって行われています。その人を同定する手段として、顔が持つ役割はさらに大きくなっています。

顔をマスクで隠した状態で生活することは、脳を発達させている途上にある子どもたちに今後どのような影響をもたらすでしょうか。とくに、思春期の子どもたちにとって、自分の顔はとても気になるものです。顔は自分そのものである、と強く思いがちです。思い返せば、私もそうでした。

思春期は、他者との関係によって自分の価値や自信を見出していく時期です。他者はどう思っているのか、自分はどう見られているのか。そうしたことを強く意識しながら生きている時期に、「自分の顔を隠す」ことが日常の選択肢となったわけです。これにより、子どもたちは自分のありのままの姿（素顔）を見せないことが当たり前となり、むしろ、ありのままをさらすことに大きな不安を感じるようになってきたのだと思います。

「マスクくらい、大したことない」「マスクをつけようがつけまいが変わりないでしょ」と思う人たちも多くいると思いますが、大人と子どもとでは脳、そして心の働きが大きく異なるのです。

パンデミック前は、誰もが素顔で歩いているのが当たり前でした。冬場にインフルエンザ予防や防寒のためにマスクをつけることもありましたが、それは、外すことを前提とした利用でした。ところが今は、猛暑の中サングラスをかけ、帽子を被り、さらにマスクまでしている。昔だったら一瞬ぎょっとするような風貌だったはずです。むしろ、マスクなしの素顔で歩いている人のほうが、「感染予防の意識の低い人」であるかのような目で見られてしまう。電車の中でマスクを外している人に抗議をして喧嘩になった、というニュースもよく目にしますし、実際に、私も空港でそうした場面に遭遇したことがあります。

年を重ねていくと、「この顔も含めて〝私〟なんだ」と、次第に受け入れられるようになるでしょう。しかし、客観的に自分を見つめ、ありのままの自分を大事にしたい、受け入れたいと思えることは、前頭前野がいまだ未成熟な段階にある思春期の子どもたちにとってそう容易なことではありません。

いまや、マスクをつけることをよしとする空気が社会を支配しているようです。これでは、子どもたちがマスクを外し、ありのままの自分で他者と接したいと思う動機を減らしていくのは当然だと思います。

自己肯定感が低い日本の若者

思春期に限らないことですが、日本や韓国を含む東アジアでは、自分の顔にコンプレックスを持つ人が他の国に比べて多いと聞いたことがあります。そのひとつの理由として、東アジアでは他者と自己の存在の境界線があいまいで、他者の見方、価値観に強く影響を受けがちである点が指摘されています。

こうした心の特性は、東アジア圏の社会制度と深く関わっているようです。東アジアは「家」「ムラ」という小集団を単位とする社会構造を基本としてきました。家やムラを守るための存在としての個であり、その役割が個に求められてきたのです。東アジア圏では、親の経済力によるところも大きいですが、子どもの教育に早期から巨額の投資をする傾向が顕著です。もちろん、これは子どもの将来の幸せを願ってのことでしょうが、やはり家のため、親のためという側面も否定できないように思います。子どもたちは集団の調和を尊ぶふるまい、価値観が求められ、個人の特性が重視される機会が少ない環境の中で育つのです。

先進国の中で、日本の若者の自己肯定感は最下位という結果が出ているそうです（内閣府2018年「我が国と諸外国の若者の意識に関する調査」）。これも、上記の子育て環境が深く関わっているとみられます。また、国連がまとめた2022年の世界幸福度ランキングを見ると、146カ国中で日本は54位、韓国は59位です。1位がフィンランド、2位がデンマーク、3位がアイスランドで、米国（16位）、英国（17位）を含む先進国の多くが25位以内に入っている中で、日本と韓国の順位は先進国の中では非常に低いのです。

個人の特性があまり重視されず、自己効力感、自己肯定感も低い日本の子どもたちにとって、自らの意思で「マスクを外す、外さない」という決断をするのは、相当ハードルが高いことのように思います。社会や親からの期待や要望を意識しながら育つ日本の子どもたちは、親や先生、周囲の大人がマスクをつけ続けている限り、それに反するようなふるまいをすることに、意識的にも無意識的にも抵抗を感じるでしょう。

ですから、家族や先生が「外したかったら、外してみようか」「誰もダメって言わないから、外しても大丈夫だよ」などと、積極的にサポートすることがとくに大切となるでしょう。「マスクを外したら、〇〇ちゃんの顔がよく見えるようになって嬉しい」「お友だちと笑っているのを見ると、とても素敵だよ」などと、親や先生が分かりやすくフィードバックをしてあげることで、子どもたちの安心感はぐっと高まるでしょう。マスクを外した子どもが社会から肯定的にみられていることを、意識的に、大げさなくらいに伝えてあげる。これが、日本文化の中で育ってきた子どもたちの心を支える有効な方法です。

他方、これと同時にもうひとつ大切にすべき点があります。それは、マスクを外すことに強い抵抗を感じる子どもたちへの対応です。

こうした生徒に対しては、「今すぐにマスクを外さなくてもいいんだよ」と、彼らの気持ちに寄り添い、尊重する態度が不可欠です。「みんなでマスクを外そう」というスローガンのもと、すべての子どもたちに一斉に次なる新たな生活様式を求めるのは、あまりに酷ではないでしょうか。

ですので、最初は一人ひとりに声をかけたほうがいいでしょう。たとえばマスクを外した生徒には、「マスクを外して顔を見せてくれて、今日は嬉しかったな」と伝える。一方で、マスクを外したがらない生徒に対しては、「マスクを外す子が増えてきたけど気にならない？　不安じゃない？」などと声をかけ、寄り添う。そうやって少しずつ、一人ひとりが三者三様に抱く不安を軽くしていくことが大切です。

中高生には「自ら考え、決断し、実行する機会」を与えるべき

厚生労働省や文部科学省による感染対策のガイドラインでは、子どもたちの登下校中、屋外での体育の授業時間は、マスクを外していいことになっています。また、屋内でも、図書館のように会話を控え目にして他人との距離が取れる場所であれば、外して構わないとなっています。

日々子どもたちに接している学校現場の先生方も、本当はマスクを外させてあげたいと思っている方が多いと聞きます。国からこのガイドラインが示されたことで、先生方はマスクを外してもよいタイミングを子どもたちに積極的に伝えるようにしておられるようですが、実際にはまだまだ体育の時間でさえマスクをしたまま、外したがらない生

徒が多いようです。

先生方にお願いしたいことがあります。マスクをつけるかどうかも含めて、誰かに迷惑をかけない範囲であるなら自分がしたいことは自分で決めていいということ、しかし、自分の思いは常に誰かと同じではないということを理解するための学びの場を積極的に設けていただきたいのです。

授業中はマスクは外したいと思う生徒がいたとします。一方で、感染対策のためにマスクは必要、マスクなしでは不安と考える生徒もいるでしょう。そのような場合、「クラスのルールだから」という一律的な理由で子どもたちを納得させ、さらなる思考を止《と》めるべきではありません。たとえば、マスク賛成派と反対派の立場から、それぞれの思いを率直にぶつけ合い、多様な見方や立場をイメージし、理解し、尊重し合う学びの時空間をぜひ設けていただきたいのです。マスクをつける必要性だけでなく、それがもたらし得るリスクの側面にも目を向けさせ、議論する。中高生ともなれば、国が提供しているデータや学術論文などから、その議論の足場となる科学的根拠にたどりつき、自ら問いを立てて考えを深めていくでしょう。

これこそがまさに、総合的な学習、「探究学習」です。こうした学びの経験は、家庭ではなかなか得られないものです。多様な人々が集い、生活する学校だからこそできるのです。

コロナ社会で起こり始めたさまざまな問題、とくにヒトの心に関わる問題には、明確な答えはありません。ですので、こうした問題の解決は、大人だけの発想、価値観だけで決めてしまってはいけません。答えのない課題だからこそ、当事者である自分の見方で問題をとらえ、自らのこととして考える。そして、それを多くの人々と共有し議論しながら、より良い解決に向かって共に模索していく。こうした機会を、ぜひ教育現場で提供いただきたいのです。

マスク着用について議論することはあまり良くない、避けたいと思っておられる先生もいらっしゃるかもしれませんが、それではポストコロナ社会を担う次世代が必要とする学びの機会を奪ってしまうことになります。「大人はこういう理由からこう考える人が多い」「では君たちはどうか」と問いかけるところから始めてみてはどうでしょうか。

不安を煽りがちな日本のメディア

日本では、科学的根拠を重視せず、既存の見方、大人から見た価値観だけで子どもを解釈しようとする傾向がとても強いと感じてきました。パンデミックによって、この印象はさらに強まりました。

２０２２年の７月末から８月にかけて第７波が襲い、国内の１日の陽性者が25万人を超えるなど、過去最大の感染の山が来ました。他方、死者数は最大で１日２５０人ほどでした。もちろん一人ひとりの命の重さは深く受け止めるべきものですが、第６波の時期に示された数字と変わりがありませんでした。オミクロン株になって、致死率はさらに下がったとも言われます。

ここで、子どものコロナ感染による死者数について確認する必要があります。この２年半で10代未満は15人、10代は10人でした（厚生労働省「データからわかる――新型コロナウイルス感染症情報――」２０２２年８月23日現在）。50代以上の年齢層の死者数と比較すると、桁違いの少なさであることは一目瞭然です。

コロナ禍での日本のマスメディアの発信の仕方も疑問を感じるものが少なくありませんでした。今年（２０２２年）、生後１年未満の赤ちゃんがコロナに罹患し、亡くなれたというテレビ報道を目にしました。コロナに罹ったかもしれないと病院を探し、受診しようとしたけれど、保健所に電話しても病院が見つからず、家で様子をしばらく見るように言われ、その間に亡くなられたということでした。

ご両親は涙ながらに「赤ちゃんだからコロナに感染しない、重症化しない、死なないなんていうことは絶対にない」と訴えました。ご両親の痛ましい姿に胸が苦しくなりました。しかし同時に、客観的なデータを一切示すことなく、悲しみに暮れる親御さんの姿だけをひたすらクローズアップする報道のなされ方に、怖さと憤りを感じました。子育て中の親である視聴者に、これほど大きな不安を煽るような見せ方はないと感じたからです。

「このような痛ましい事例もあるけれど、一方で、子どもの死亡リスクが高いわけではない。いたずらに不安にならないことも大切です」――。そんなまとめ方をしてくれるのならいいのですが、子育てに対する不安をさらに煽るような発信が多いのです。親御さんの生の声を伝えることは必要ですが、視聴者がコロナについて冷静にとらえ、考えるためのデータもメディアは責任を持って社会に届けるべきだと思います。

脳科学的に見ても、不安を喚起する大脳辺縁系が過度に活動してしまうと、前頭前野による抑制が働きにくくなります。先の見えない日常で不安を高めるばかりでは、親は冷静な判断ができるはずがありません。「とにかく感染させない」ということばかりに意識が向き、子どもたちの脳と心の発達に本来必要となる日常とは何か、ということについては考えることもできなくなります。

客観的データを踏まえながら、感情論だけではない議論をそろそろ始めませんか。大人の目線からではなく、「子どもにとって必要なことは何か」を考えたい。メディアには、コロナ禍だからこそ必要となる冷静で前向きな議論へと導く足場を提供してほしいのです。

横並びの感染対策はナンセンス

メジャーリーグの大谷翔平選手の活躍を報じるニュースや、プロサッカーリーグの試合を放映する番組を見ると、海外ではスタジアムでマスクをしている人がほとんどいないことに驚かされます。

ところで、コロナ禍でもなぜこれほど多くの人が、感染するリスクを高めてまで集団イベントに参加しようとするのでしょうか。そこには、生物としてのヒトの本性が関わっています。非日常の時空間をつくり、たくさんの人が集まってワーッと声を出したり、身体を躍動させたりしながら一体感を得ようとするのは、社会的な生物であるヒトの本性であり、それが心身の健康を支えるものだからです。

大人数が集まるスポーツや音楽イベントは、地域の人々が定期的に集まって狂喜乱舞する伝統的な「お祭り」と構造が似ています。同じリズムに身体を同期させることによって、集団の一体感が高まり、絆が強くなっていく。感情を思い切り爆発させ、ストレスを発散させる機会を得ることで、日常の生活を粛々と続けていくことができる。きわめて複雑な社会に生きるヒトは、こうした社会の仕組みを築きながら連綿と命をつないできたのです。ところが、パンデミックによって、こうした特別な時空間が奪われてしまいました。

社会的場面から自らを隔離し、他人と非接触で生きる日常は、生物としてはあり得ないことです。国は、「ステイホーム」「在宅勤務」をどのくらい続けるべきか、その見通しも示さないまま、新しい生活様式の実践だけを頑なに求めてきたように思います。ヒトの本性を根幹に据えた施策にはなっていないのです。誰かと身体をくっつけ合い、声を出し、共に躍動する――こうした機会を一切奪ってしまったら、きわめて社会的な生物であるヒトの心身が健康に保たれるはずがありません。そうした生物学的な事実を理解、尊重したうえで、「死なない、感染しない」ための対策ばかりでなく、感染状況の推移によっては「ヒトの心を守るために必要な」対策を積極的に行っていくべきです。年齢も個人のパーソナリティも無視してひと括りにして、全員に横並びで従わせるような感染対策をこのまま延々と続けてよいとは思えません。

さらにその先、ポストコロナ社会を見据えると、その意思決定は緊急時を除いて、国からのトップダウンによる要請だけでなく、個人の自由意志、判断で行っていくものに変えていかなければならないと思います。「今はリスクが高いからイベントへ行くのは控えよう」、あるいは「リスクはあっても自分にとっては大切なイベントだから参加しよう」、「今はマスクを外す生活を優先しよう」というふうに、個人がそれぞれの責任のもと、それぞれ判断することが求められるでしょう。

ただし、それを実現するには、やはり科学的根拠を重視する日本社会へと成長していかなければなりません。コロナと共生していくことになるこれからは、個人がその判断に至った理由、根拠を明確に示して、異なる判断をする他者との感情のぶつけ合いではなく、互いを冷静に受容し合える日常としなければなりません。

それに大きく貢献するのは、メディアの力だと思います。「いま・ここ」の問題だけではなく未来を見据え、これから私たちが何を大事にすべきかを考えるための取材、発信に力を注いでいただきたいです。

子どものメンタルケアにテクノロジーを導入する試み

ストレスは、個人によって感じ方がまったく違います。つらいという気持ちを強く意識する人もいれば、腹痛のように身体症状として出やすい人もいます。とくに子どもたちは脳が未成熟なので、自分で自分の身体や心の状態を自覚したり言葉で表現したりすることは難しく、周囲の大人が気づいてあげられないことも多々あります。

パンデミックにより、それまで10年連続で減少していた自殺者が、2020年には増加したことが大きな問題となりました。前年より減少したとはいえ、2021年も2万1007人が自ら命を絶ちました。とくに女性や若年層の自殺者の増加が顕著となっていることには、明確な理由があるように思います。自殺やひきこもりの件数が増加した後、つまり、深刻な問題が起こってから事後的に対応する現行のやり方だけでは、かけがえのない命を救うことはできません。とくに、人類未曾有の環境変化が起こったコロナ禍では、その対応だけでは解決に結びつかないと思います。

では、どうしたらよいのか。私たち基礎研究者も、できることをできる範囲で行う努力を続けています。最新のテクノロジーを使って、子どもたちの身体の（無意識レベルの）ストレスをいち早く検出し、できるだけ早い時期から寄り添う、リスクの高まりを予防するシステムを学校現場に導入しようとしています。子どもの身体状態の変化、具体的には自律神経系の変動を日常場面ですべて記録し、大きな変動が起こったらアラートする仕掛けです。

そうしたシステムが学校現場で活用されれば、子どもたちが気持ちの苦しさを自覚する前に、彼らに寄り添うことができます。生体データを活用し、「最近しんどくない？」「具合が悪そうだけど大丈夫？」と周りの大人たちが声をかけ、見守ることで、ひきこもりや自殺を最大限防ぐことができると考えています。一人ひとりの精神的幸福を実現するためのテクノロジーの開発・活用です。

子どもたちの心の問題に対応するために、学校へスクールカウンセラーを派遣するなどの支援も行われるようになってきました。しかし、コロナ禍という人類未曾有の問題に直面している今、この方法だけで対応することは現実的に難しくなっています。現在はマスクをして表情が隠れているため、日々子どもたちに接している先生ですら、彼らの心身の異変に気づくことが難しくなっているのですから。

テクノロジーをうまく活用した、新しい学校教育の空間づくり、子どもたちの無意識レベルのストレスにいち早く気づける時空間を創りたい。「マスクをつけましょう」「外しましょう」と一方的に指示するだけで、子どもの心身の変化に気づいてやれないままでは、大人としてあまりに無責任ですから。

ポストコロナ社会では、これまでにない発想、視点から子どもたちを見守っていく社会の設計を目指す必要があります。

個人のストレスには個別に対処することが大切

パンデミックが始まった当初、「若者がふらふら街を出歩くから感染が拡大した」といった偏見が社会に満ちていました。学校や大学は数カ月閉鎖され、オンラインでの授業への切り替えなどで、現場が混乱を極めていた時期です。子どもたちは、家庭以外での居場所をなくしてしまいました。彼ら自身も、どうしたらよいのか分からなかったのです。それに追い打ちをかけるような、若者に対する世間の冷ややかな視線……。とてもつらかったと思います。

わが家の子どもたちも、見通しの立たない自宅待機の日々で、次第に表情が暗くなっていったことを記憶しています。外に出ることは怖いこと、いけないことだと自分に言い聞かせながら、家族全員が本当の感情を封印して生活していたように思います。

この時の私と子どもの心情をリアルに書き留めた文章が残っているので、引用させてください。


「新型コロナの感染拡大により、娘が通う学校も休校となった。親子が家の中に閉じこもる時間が一日の大半を占め、互いにストレスをぶつけあうことが目立って多くなった。重苦しい空気を変えなければ、と娘を散歩に誘った。彼女とこれほど長い時間、並んでおしゃべりするのは何年ぶりだろう。保育園の送り迎えの時以来ではないだろうか。

散歩の途中、本屋の前で娘が突然立ち止まった。「あ、『ごんぎつね』！『モチモチの木』もある。なつかしいな。小さい時よく読んだよ」。絵本フェアの広告を指さしながら、それぞれの本のストーリーをすらすらと語りだした。よく覚えているものだと感心していた時、「お母さん、覚えてる?」と娘が聞いてきた。次のページに進むことが怖くなったら、私にページをめくってもらった。悲しい場面が迫ってくると、私の膝の上にのった。これらの本には、こうした私との記憶が残っているという。そんなことまで覚えているのか、と驚いた。

子どもへの本の読み聞かせが大事だと言われる。想像力や言語能力を高める、感情を豊かに発達させるといった効果が期待されているらしい。

しかし大切なのは、読み聞かせる行為そのものよりも、むしろ、子どもと身体でつながり感情を直接共有しあう経験を、本を介して得ることなのかもしれない。子どもは、身体の内側から湧き立つ思いを躊躇なく外の世界へと表現する。そして親をはじめとする周囲は、それを寛容に受けとめる。こうした経験は、大人となった今ではなかなか得られない。幼少期の特権だ。幼少期の記憶を思い出すとなつかしく感じられるのは、誰かに感情をまるごと受けとめられ、共有された時に身体内部に湧き立った心地よい経験が、私たちの脳内にしっかりと刻み込まれているからである。

今では、スマートフォンやAI搭載モニターなどを使って、忙しい親に代わって子どもに本を読み聞かせるサービスを簡単に利用できる。しかし、こうした経験は子どもたちの身体内部に心地よさを湧き立たせるもの、それが記憶として残るという点では十分でないことを理解しておきたい。また、子どもだけでなく、読み聞かせる大人の側にも、心地よい感覚がもたらされていることも重要だ。コロナ禍の今、社会には他者との身体接触を避けようという空気が満ちている。一刻も早くこの問題が終息し、子どもたちが思う存分、他者と身体を介しながら感情を共有できる日常が戻ってほしい。

本屋の広告をひとしきり見終わり、再び歩きだした時、娘がぎゅっと私の手をにぎってきた。小さかった手が、いつの間にか私のほうが彼女の手に握られるようになった。人間は、こうして他者の身体を感じながら、連綿と命を繋いで生きてきたのだろう」

（2020年7月　コロナ禍に思う　書物逍遥「究」No. 115, ミネルヴァ書房）

ここで、思春期特有の脳の発達について、もう一度思い出してみましょう。思春期の脳は前頭前野がいまだ未成熟であり、他方、感情爆発を引き起こす大脳辺縁系が活性化しやすいという特徴を持っていました。この時期の子どもたちが、「みんなと騒ぎたい、遊びたい」という感情の高まりを大人のように抑えられないのはごく当たり前のことなのです。「若者の態度はけしからん」と怒っていた大人だって、彼らの年齢の頃の自分を思い出せば、そのことを理解できるはずです。

もうひとつ、コロナ禍ではっきりと分かったことがあります。パンデミックで子どもたちが受けた精神的ダメージの大きさには、かなりの個人差がみられたという事実です。前章でも触れたように、概してですが、誰かと会話したり出会ったりすることが好きという外向的なタイプであった子ほど、コロナ禍で受けたダメージやストレスが大きいようでした。どちらかというと、ひとりで何かに没頭する活動を好んでいた子どもは粛々と毎日を過ごしていたように感じます。どちらがいいとか悪いとかいう話ではありませんが、緊急事態宣言が出ていた期間、私たち大人は彼らの特性に応じた寄り添い方をもっと考え、実践すべきでした。大学教員としての、私の最大の後悔です。

余談ですが、私が勤務する京都大学の学生の多くは下宿生活をしていますが、緊急事態宣言下、国からの要請を守って忠実に自宅待機をしていた子が大半でした。社会からの厳しいまなざし、圧力を敏感に感じて、自分が果たすべきことをしようと努力していたのです。食料を買いに行くことにすらためらいを感じ、「1週間に1回ほどしか外出しませんでした」と報告してくれた学生までいました。

京都大学には、反権威主義的な気風・伝統が残っていて、京大生の多くは自粛要請には素直に従わないのではないかと思っていたのですが、実際にはそうではなかったことに驚きました。彼ら一人ひとりが未曾有の状況で孤独に耐え、先の見えない不安と戦い続けていたのかと思うと、今でも胸が締め付けられます。

次世代に対する大人の責任

コロナ禍で、非接触の日常が加速度的に進みました。この2年あまりで、オンラインによる非接触のコミュニケーションが私たちの日常の一部となったことは、4、5年前には予想だにしなかったことです。

オンラインでのコミュニケーションは、実際に使ってみると便利な面がたくさんありました。とくに、わが国ではパンデミックが起こる前、2016年度から、サイバー（仮想）空間とフィジカル（現実）空間を高度に融合させることで、経済発展と社会課題の解決の両立を図る人間中心の社会、Society5.0が目指されていたこともあり、メタバースに代表されるこうした流れは、さらに勢いを持って進んでいくでしょう。

今、社会は大きな変容を遂げようとしています。利便性の向上、省力化に価値を置いた「無駄のない」社会です。しかし、ここで想定されているのは、すでに完成した脳を持っている大人を前提としていることに、私たちは気づいているでしょうか。子どもは、環境の影響を強く受けながら脳を発達させている途上（脳発達の感受性期）にある存在です。子どもたちは、大人から見ると一見無駄に思われるような環境の中でさまざまな経験を積み重ねながら、ヒトという生物としての脳と心を育んでいくべきなのです。

しかし、残念ながらこうしたことに思いを馳せることができる方は、そう多くないように感じます。それが露呈したのが、政府が打ち出してきた一連のコロナ施策でした。「こういう状況になったら、新しい生活様式を見直す」といった見通しを示さないまま、子どもたちに給食の黙食やマスク着用、音楽などの授業の停止を求め続けてきたのです。

第1章で説明しましたが、脳発達の感受性期にある子どもたちは、相手の多様な表情に触れ、それを真似する経験によって、社会性や言語を身につけていきます。こうした学びの機会を、議論すらないまま減らすことを求めてよいのでしょうか。

大人には、子どもたちに必要な環境を保障する責任があります。「〝いま、ここ〟では必要」「こうなれば不要」という見通しとメリハリを、国は科学的根拠に基づいて示すべきでした。この方針はマスク着用の問題に限りません。子どもたちのために大人ができることは何かを、子どもの立場に立って考える必要があるのです。

子どもの感性はどうなっていくのか

さらに未来に思いを馳せてみましょう。

サイバー空間とフィジカル空間の境目がない社会が目指されている流れの中で、子どもたちはサイバー空間で過ごす時間がどんどん増えていくはずです。こうした環境の激変は、子どもたちの脳や心にどのような変化をもたらすのでしょうか。

この問題について考える前に、まず理解しておくべきことがあります。それは、私たちヒトは哺乳類動物の一種であるという揺るぎなき事実です。他者と身体を触れ合わせたり、同期させたりすることによって他者と共感し、絆を築いて生存してきた生物として進化を遂げたという事実です。

これを踏まえてサイバー空間での活動を考えてみると、まず、自分の代理であるアバターには生身の身体がありません。アバターを介して得られる経験は、フィジカル空間で身体を介して得られる経験とはまったく異なるものとなります。そうした経験の中で、これからの子どもたちは脳を発達させていくことになるわけです。

私が幼かった頃は、学校から帰宅したら一目散に外に出かけて、近所の子どもたちが集まって遊んでいました。多種多様な子どもたちが、手をつないだり身体をぶつけ合ったりする、まさに身体遊びです。高いところからジャンプしたときに感じるあのゾワゾワとした感覚、雨上がりにふっと感じられる草木の匂い。小川に足を踏み入れたときの地面のぬるりとした感覚。友人に手を握られたときに感じる温かさや、肩を組んだときに得られる一体感――。今でもその体感が鮮明に蘇ってくると感じるのは、私だけではないと思います。

そして、そうした体感があるからこそ、私たちは、相手の心を「わが事として」理解できるのです。「高いところは怖かったから、相手を突き落とすのはやめよう」とか、「ぶつかったら痛いから、相手を強く押すのはやめよう」といった想像力が自然と働くのです。

こうした身体経験を得て大人になった世代のひとりとして、私はこう思います。もし、人類がホモ・サピエンスという生物であり続けたいと願うのであれば、脳が環境の影響を強く受けて変容する子ども期にこそ、今まで以上に意識的に身体を使って触れ合える環境を保障していかなければならない、と。この時期に得る身体感覚の経験は、その人が生涯もつことになる感性に大きく影響するからです。

今、サイバー空間の活用のひとつ、ＩＣＴ教育が教育現場で急速に進められています。

ひとり1台タブレットをもち、インターネットで調べる、図形問題の解き方をアニメーションや三次元化することで理解する、デジタル教科書をタップして図表を操作する、動画を視聴する、発表資料をクラス全員の端末に共有する、ＡＩ教材で一人ひとりのレベルに合った学習に取り組む——など新たな教育方法が創り出されようとしています。

先端技術の効果的な活用を学校現場、教育活動に導入していくことで得られるメリットは大変大きいと思いますし、そうした新たな挑戦が次世代に対して行われることに喜びも感じます。

しかし、サイバー空間の活用が進めば進むほど、それと同じくらい大切にすべき教育の側面があります。それは、身体感覚を重視した教育です。机上やネット空間で獲得し得る学力や知性だけではなく、ホモ・サピエンスだけが持つ社会的感性を育むことを目的とした教育です。私たちは、他人の痛みや悲しみに共感したり、他人の喜びをわが事として感動したり、本物に触れることで心が震えたりします。まさに身体の反応です。これまでは日常生活で当たり前のように得られていたこうした感性体験が、今の子どもたちが生きる日常の中で乏しくなっているのです。コロナ禍がそれに拍車をかけました。

進化とは、意図的、合目的的に進んできたものではありません。環境の中でたまたま変異した個体のうち、環境に順応できたものが生き残っていくという偶然の産物です。ホモ・サピエンスが生きる環境としてサイバー空間を選んでいくのであれば、ヒトがホモ・サピエンスでなくなっていくのはある意味仕方のないことなのかもしれませんが、私はホモ・サピエンスであり続けたいという心を持つタイプなので、次世代に向けた身体感覚に基づく感性教育の開発にもっと力を注ぎたいと思っています。

「みんなで育てる」ヒトの生存戦略

私がこのような発想から話を進めているのは、私自身に身体を使って子育てをしている経験があることが大きいと思います。

たとえ子をもつ親であったとしても、自分自身があまり子育てに参加しなかった方の場合、子どもというヘテロな（大人とは異なる）存在を理解することは難しいのではないでしょうか。逆に、子育てという身体感覚によって得られた感性を持つ者は、子どもの視点に立って考えることを当たり前とします。

子育てに対する感性を豊かに持つ方であれば、今の日本の感染対策指針がすべて大人目線で考えられていることに容易に気づくと思います。本音を申し上げると、日本の舵取りをされる方々の子育てへの感性の「弱さ」を痛感するのです。それが、日本のコロナ禍での施策に見事に反映されていると思います。

日本社会で、子育てへの感性を高めていくことは必須です。この感性が乏しい限り、日本で深刻化する少子化対策にいくら予算をつぎ込んでも、その解決には結びつかないでしょう。

さて、子育てに対する感性を高めるために、まず理解しておかなければならないことがあります。それは、ヒトは「お母さんだけが子どもを産み、育てる」生物として進化してきたのではない、ということです。

前の章でも述べたように、ヒトの脳の成熟には25年以上かかります。他方、身体の成熟は14~15歳で完成します。つまり、中高生くらいの年齢になれば子どもを産むことができるのですが、この段階では脳は完成していません。つまり、子どもを産むことはできても、育てるために必要となる脳と心の働き（親性《おやせい》）の点では、まだまだ未成熟なのです。身体と脳の成熟にこれほど大きなミスマッチがあるのに、女性は子どもを産んだ後、果たして子育てをすることができるのでしょうか。

この疑問について、チンパンジーが多くのことを教えてくれます。チンパンジーは6

〜8年に1回くらいの間隔で子どもを産みます。そこには明確な理由があります。7年くらい経つと子どもがお母さんから離れ、集団の他の仲間と長い時間を過ごすようになる、つまり、自立するからです。子どもが自立するタイミングで、お母さんチンパンジーには排卵が起こり、次の子どもを産む身体の準備が整います。

また、チンパンジーの赤ちゃんは、生まれてすぐにお母さんの身体に自力でしがみつくことができます。そのおかげで、お母さんは出産してすぐに両手を使って生活できます。つまり、チンパンジーは、お母さんがひとりで子どもを産み育てることが可能なのです。ひとりの子どもを時間をかけてゆっくり育ててあげてから、次の子どもを産む。これがチンパンジーの生存戦略です。

ところがヒトでは、子どもを産んでから数カ月〜2年も経てば、排卵が起こります。次の子を産む体の準備が短期間で整うのです。それにも関わらず、子どもが自立するまでには長い年月がかかります。身体の成熟でいうと14〜15年、脳の成熟で言えば25年以上かかります。こうした制約の中で、お母さんが子どもを産み、ひとりで育てることなどそもそも無理です。

では、ヒトはどのように子育てを行ってきたのでしょうか。それは、「共同養育」による子育て戦略を進化の過程で選択してきたからだと考えられています。子どもを産むのは生物学的女性ですが、育てるのは子どもを産んだお母さんだけではなく、集団の仲間が共同で子育てに関わるという形態です。この生存戦略では、お母さんは短期間でたくさんの子どもを産むことができ、集団でその子どもたちを育てることによって、最大限多くの子孫を残すことができます。

なぜ他人の子育てに関わるのか

共同養育は、自分の子どもではない個体の生存に協力するという、一見すると不思議な行動です。しかし、それを可能にしたのは、ヒトという生物が特異的に持つ前頭前野の働きにあるとみられます。

前頭前野の活動は、自分の視点を超え、他者の立場にたって物事をイメージしたり推論したりする能力（メンタライジング）を生み出すものでした。それは他者への共感、そしてそれに動機づけられた協力行動を誘発します。自分の子どもでなくても、目の前にいる弱き者、小さき者の立場を想像できるために、共感によって彼らを助けたり協力したりするわけです。

これほど向社会的な行動を取るのはヒトだけです。もちろん、子どもに教育的配慮、援助行動を行うのはヒトだけではありません。野生のチータや飼いネコなどのお母さんは、子どもに餌をやるだけでなく、子どもの餌捕獲の上達度に合わせて獲物を適度に弱らせ、学習の機会を与えます。しかし、ヒト以外の動物の教育は、食物を得る場面に限られていて、さまざまな目的を想定して行われるヒトの協力や教育とは大きく異なっています。

実際、ヒトが見せるような積極的な教育、協力行動は、ヒトに最も近縁なチンパンジーですらほとんど見られません。チンパンジーのお母さんや大人は、子どもに物をわざわざ見せたり、持たせてみたりすることは一切ありません。いざというときには体を張って子どもを守ろうとするので、けっして無関心なわけではない。ただ、子どものやろうとすることを褒めもせず、叱りもせず、じっと見守るのがチンパンジー流の子育てです。

ヒトの子育てに話を戻しましょう。現代社会では、ヒトは不適切な環境で育つことを余儀なくされる子どもたちのために児童養護施設をつくったり、さまざまな事情で親が育てられない子どもを救うために赤ちゃんポストをつくったりする生物です。それは、まさしくヒト特有のメンタライジングを生み出す脳を持っているからです。一方、チンパンジーでは他の個体の子どもを引き取り、育てることはまずありません。いくつかの事例が逸話的に報告されてはいますが、それもヒトの利他行動に比べると桁違いの差があります。相手の立場になって心の状態をイメージする脳の働きを、チンパンジーはヒトほど十分に持っていないからです。

ポイントをまとめましょう。本来、ヒトの子育ては、お母さんひとりが担う形で行われてきたのではなく、祖父母や兄弟姉妹を含む血縁個体、あるいは所属集団を単位として、子どもの面倒を共同でみる子育て形態でした。現代人も、一昔前までは祖父母、数多くの兄弟姉妹からなる大家族で生活するのが普通でした。地域社会とつながる機会も、日常生活のひとつでした。複数で子育てをしていた時代は確かにあったのです。

子育て環境がこれほど劇的に変化したのは、せいぜいこの100年くらいのことです。ヒトは何百万年という長い時間をかけて環境に適応しながら、今あるような体や心を獲得してきました。しかし、あまりに急激な環境変化に体や心が直ちに適応できるはずがありません。お母さんのみに極端に負担が集中する子育て、「孤立育児」は、現代社会特有のものです。

コロナ禍で孤立育児の問題がいっそう深刻化したと言われています。生物としてのヒトにとって、「孤立育児は不自然である」という事実をしっかり理解することが必要です。孤立育児に苦悩するお母さんを社会全体で見守り助ける。これこそが、生物としてヒトが連綿と命をつないでいくために不可欠な条件です。ヒトは他者からの関わりによって支えられ、生かされている生物である。コロナ禍での経験によって、私たちはこのことを改めて実感したように思います。

子育てに向いているのは女性？

核家族化が大きく進んだ現代社会では、お母さんだけでなく、お父さん、そして保育園や幼稚園、学校の先生、近所の人たちなど、社会のみんなで子育てすることが求められます。ヒトの子育てを守るには、現代版の新しい共同養育のシステムを創っていく必要があるのです。

このような主張をすると、お母さんたちがもっと「母性」を発達させればいいのではないかと言う人もいるでしょう。しかし、子どもを育てるために必要となる脳や心の働き、いわゆる「母性」と呼ばれるものは、生物学的女性だけが持つものではないことが科学的に証明されています。

脳には「女脳と男脳がある」と主張する本がこれまでたくさん出版されています。しかし、正確に言うと、この表現は間違っています。確かに、多数の男性と女性のデータを圧縮し、平均値を出して比較すると、統計学上かろうじて有意な違いはみられるのですが、実はその差は、男性と女性それぞれの集団の中でみられる個人差に比べると圧倒的に小さいのです。

子育てに必要となる脳や心、親性についても同様です。生物学的性差によらず、親性脳が十分に発達している方とそうでない方の個人差はとても大きいです。「女性のほうが育児に向いている」ことを証明する科学的証拠はありません。また、男性でも子育てに積極的に参加する方であれば、親性脳の発達が良好であることも分かっています。女性であっても親性脳の発達が乏しい方もいます。

こうしたことがデータで証明されたのは、この5年くらいのことです。ここで、その記念碑的な研究を紹介しましょう。イスラエルで行われた研究です。

生後1歳くらいの子どもを育てている親に、自分の子どもとの日常場面を映した動画を見せ、その時の脳の活動を記録しました。実験に参加した親は、3つのグループに分けられました。ひとつめは、生物学的性が女性、つまりお母さんが第一養育者であるグループ。2つめは、生物学的性が男性で、かつ子育てにあまり関わらないグループでした。これら2つのグループは、日本でもよくあるパターンですね。そして、3つのグループ、これが重要なグループとなるのですが、生物学的には男性だけれども、第一養育者として子育てを担っているお父さんのグループです。

その結果、とても興味深いことが分かりました。第1グループのお母さんが子どもの様子を見たときには、次のような脳の活動が確認されました。まずは、大脳辺縁系を中心とする脳の場所がすばやく、反射的に活動しました（情動的処理）。その後しばらくして、前頭前野を中心とする活動がみられたのです。

大脳辺縁系は感情を湧き立たせる場所、前頭前野はメンタライジングに関わる場所で、相手の立場をイメージし推論する心を湧き立たせる場所でした。つまり、自分の子どもの様子を見て、何かしらの反応が脳内に敏感にすばやく起こり、続いて子どもに何をすべきかを子どもの立場にたって考えるという親性が働いたとみられます。わが子が泣いている様子にいち早く気付き、さらに、その泣き方がいつもと違っていたら、「お腹が痛いのかな」「おむつが濡れていて気持ち悪いのかな」などとイメージ、推論するのです。

では、第2グループのお父さんはどうだったのでしょうか。子育てにあまり関わらな

親性脳※　育児に関する情報に特化して処理を行う
中枢神経系ネットワーク

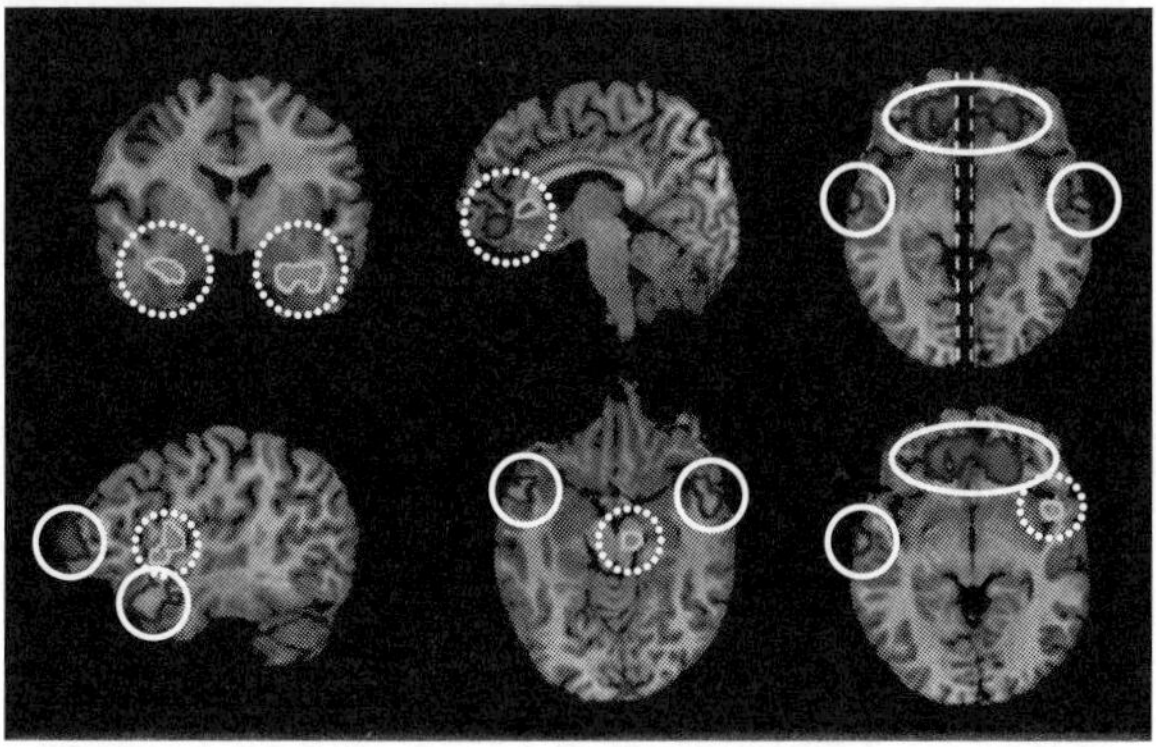

情動的処理
（第一養育者で顕著）
子どもの心の状態に
「**無意識・反射的**」に
「**すばやく・敏感**」に
反応する

メンタライジング
子どもが置かれている状況や
心の状態を「**意識的・客観的**」に
判断し、どのような養育行動を
取るべきかを「**論理的に推論**」する

※第１グループと第３グループの親は、
この親性脳と呼ばれる場所が強く活動する

出典：Abraham, E., Hendler, T., Shapira-Lichter, I., Kanat-Maymon, Y., Zagoory-Sharon, O., Feldman, R., 2014. Father’ s brain is sensitive to childcare experiences. PNAS 111, 9792-9797 を参考に筆者が作成

いこのグループのお父さんでは、大脳辺縁系を中心としたすばやい活動がほとんどみられませんでした。そして前頭前野の活動が少し起こりました。つまり、子どもの様子に対して脳がいち早く、敏感に反応していないのです。このように、第1グループと第2グループとでは、脳の活動は大きく異なっていました。

ここまでの結果を見ると、「女性には母性があるのだから当然でしょう」と思われる方も多いと思います。しかし、第3グループから得られた結果は、そうした既成の概念を覆すものでした。子育てに積極的に関わっているお父さんたちでは、第1グループのお母さんと同じ脳の活動が見られたのです。

私たちは脳で予測しながら生きています。予測は、経験を積み重ねることでつくられていきます。子育てにも同じことが言えます。親として必要となる脳や心の働き――すなわち親性は、経験によってつくられるものであり、そこには生物学的性差はないことが見事に示されたのです。

お父さんの「親性脳」はどうやって発達するのか

男性には受精卵を育てるための子宮がないので、妊娠・出産という直接的な身体の体験はできません。その点で、やはり生物学的には男性と女性は違うはずなのに、お父さんはいつから、どうやって親性脳を発達させていくのでしょうか。また、そこには個人差がみられるのでしょうか。私たちは、こうした問題に答えるための研究を行ってきました。

パートナーが第一子を妊娠中で、これからお父さんになられる予定の男性とそうした予定のない子どものいない男性、計100人以上に協力いただきました。パートナーが、①妊娠初期まで、②子どもが生まれる直前まで、③生まれて4〜5カ月後の計3回京都大学に来ていただき、脳の活動を測定しました。子どもをもつ予定のない男性にも、同じ時期に3回実験に参加いただきました。脳の活動の計測に加えて、オキシトシン、テストステロンなどの内分泌ホルモンの測定と心理評価なども行いました。

両方のグループには、ある赤ちゃんが映った映像とそれとは関係のない映像を見せ、その時の脳活動を計測しました。3つの時点それぞれで、2つのグループの脳活動を比較してみたところ、興味深いことが分かりました。赤ちゃんの映像を見せたときの脳の活動が、これからお父さんになるグループと別のグループとでは異なっていたのです。とくに、パートナーが妊娠中期以降になると、メンタライジングに関わる前頭前野の活動が2つのグループで大きく異なってきました。これは、パートナーが出産する前、つまりお父さんになる前から、男性も親性脳が発達し始めていることを意味します。

この結果について、はっきりした理由はまだ分かっていませんが、パートナーのお腹が次第に目立ってくる、赤ちゃんの名前をパートナーと相談し始めるなど、子どもを育てる日常を具体的にイメージする経験が多くなることが関連しているのかもしれません。

ここで、さらに重視すべき点があります。それは、男性女性を問わず、親性脳の発達には大きな個人差があることです。多くの場合、パートナーの妊娠週数が進むにつれて、親性脳と呼ばれる脳内ネットワークの活動が目立ってくるのですが、妊娠初期からすでに親性脳の働きがはっきりとみられる方もいれば、出産後もその働きがほとんど確認できない方もいました。

後者の場合、これから子育てに積極的に関わることで親性脳の発達を高めていっていただければよいのですが、実際には、妊娠期からわが子に対する関心が低かったり、これまでに小さな子どもと触れ合ったりした経験が乏しいケースが多いのです。子育てに参加したいと思う動機が低い傾向にあるため、お母さんのストレスや子どもへの虐待リスクが高くなる可能性も否定できません。社会が注意深く見守っていく必要がある親子であると考えられます。

保健師さんたちは、赤ちゃんが生まれた家庭を訪問されるなどして、日々、親子の心身の健康を守ったり虐待を防いだりするための努力をしておられます。とても意義のある取り組みですが、すべての親子を限られた人員で丁寧に見守ることは不可能です。現場の活動が破綻してしまいます。男女問わず、親性脳の発達がうまく進んでいないとみられるお父さんお母さんを早い段階で救いとり、そうした方々の日常を手厚く支援できれば、子どもへの虐待を未然に防ぐための新たな道筋を立てることができるはずです。

そうした思いから、私たちは、わずか十数項目の質問に答えてもらうだけで、親性脳の発達の度合いを予測できるアルゴリズムを開発しました。この予測の妥当性も、実証実験によって確認されました。基礎研究の成果を社会、子育て支援に応用・実装する取り組みが始まっています。

オキシトシンは女性特有のホルモンではない

先ほどの脳イメージング研究で明らかになったのは、親性脳には大きな個人差があるということでした。そこで、親性脳の発達が良好なお父さんが、これまでどのような経験をされてきたのかをアンケート調査してみました。すると、数年以内に親戚や友人のお子さんを抱っこするなど、「子どもとの身体接触経験があった」と答えた方が100％だったのです。なるほどな、と思いました。

詳細は調べられていませんが、幼少期から下のきょうだいの面倒をみてきた、年少の子どもたちとよく遊んだ、中学生のときに保育園に体験実習にいってお世話をしたなどの経験も、その個人の親性脳の発達に影響している可能性が高いと思います。

繰り返しますが、親性脳の発達に性差はありません。子育ての適性を、母性父性といった区別から考えるべきではないのです。また親性は、子どもが産まれればおのずと湧き立ってくるものでもありません。身体の経験こそが大切なのです。

子どもを抱っこしたときに、「赤ちゃんってこんな肌触りなんだ」「こんな匂いなんだ」と感じることがあります。こうした身体感覚は、オキシトシンと呼ばれる内分泌ホルモンの分泌を高めます。オキシトシンは「愛情ホルモン」とも呼ばれていますが、子どもに対する愛情を高めるなど、育児動機を高める作用があることが知られています。子どもとの身体経験を豊かに持っている人は、子どもに接する場面で脳がそれを予測するため、親性脳が働きやすくなるのでしょう。

ここで、オキシトシンについてもう少し説明しましょう。オキシトシンは、女性が子どもを出産する時に大量に分泌されます。子宮を収縮させて分娩を促すので、オキシトシンは陣痛促進剤としても使われます。また、オキシトシンには母乳を放出させる働きもあります。こうした作用はヒトだけでなく、哺乳類動物全般に広くみられるものです。

オキシトシンの働きについて、さらに重要な点が2つあります。ひとつめは、オキシトシンの作用は妊娠、出産時の母親の身体機能に変化をもたらすにとどまらないこと。2つめは、妊娠、出産を担う女性だけでなく、養育経験によって男性にも同様に分泌されることとです。オキシトシンは性差を問わず、相手への信頼や愛情を高めます。記憶や学習能力を高める働きがあることも知られています。

オキシトシンの分泌は、身体接触によって高まります。分娩後、女性のオキシトシン濃度は低下します。その後も子育てに対する動機を維持していくためには、オキシトシンの分泌を継続的に促していくことが必要となるのですが、それを可能にするのが赤ちゃんに授乳する、抱っこする、優しくなでる、キスするなどの身体接触です。これにより、親はいっそう赤ちゃんに関わりたいという動機が高まります。生存するために身体は本当にうまくできているな、と感動します。

ヒトを対象とした研究で、面白いことが分かっています。オキシトシン濃度が高い女性ほど赤ちゃんの目を長く見つめる、身体接触の頻度が多い、育児に積極的に関わるのです。また、育児中の男性のオキシトシン濃度を調べてみると、オキシトシンの分泌が多い方ほど、やはり育児に積極的なのだそうです。育児中の夫婦の間ではオキシトシン濃度の変化が類似しているとも言われていて、オキシトシン濃度が高く維持されている女性では、そのパートナーである男性、さらには赤ちゃん自身のオキシトシンの濃度も高くなっているそうです。

身体で心をつなぐ

オキシトシンの作用は、親と子どもの関係、育児場面に限定されません。大人同士、あるいはイヌと飼い主の絆を高める作用もあるのです。抱きしめ合ったり肩をなで合ったりすることによって、オキシトシンの分泌が促進されます。

では、なぜ触れられるとオキシトシンの分泌が高まるのでしょうか。ひとつには、ゆっくりと触れられたときに反応する「C触覚線維」の反応が関係しています。C触覚繊維は体毛の多い皮膚下に多く分布していて、大人では毎秒3～10センチメートルの速度で軽くなでられたときにとくに活性化します。この条件で誰かから身体をなでられると、活性化されたC触覚線維から脳の島皮質後部へと信号が伝達されます。こうした仕組みによって、身体内部に心地よさが喚起されるのです。

生後1年目くらいの赤ちゃんでは、毎秒2~3センチメートルくらいの速度で触れられると心拍が安定することが分かっています。また、注射などの鋭い痛みに対する赤ちゃんの脳の反応は、やはり毎秒2~3センチメートルくらいの速度でなでると減衰する、つまり、鋭い痛みを和らげる効果があることが示されています。子どもが怪我をしたとき、「痛いの、痛いの、飛んでいけ！」と声をかけて患部に触れたりしますね。この「手当」は文字通り、痛みを低減する効果があるのです。

このように、ヒトという生き物にとってわが子や他者との直接的な身体接触は、お互いの愛情や絆を高める重要な働きを担っています。ヒトが生存するうえで欠くことのできないものです。これは、サイバー空間での経験では得られないものであることを、ここでもう一度強調しておきたいと思います。

今こそ、大人の前頭前野を使おう

パンデミックがもたらした「新しい生活様式」は、子どもたちが生きる場、保育現場や学校でも実践されてきました。子どもたちは、自由に身体をくっつけたり、互いの表情を見せ合ったりすることが「良くないこと」のように感じている世代となりつつあります。このような感覚を抱くのが当たり前となっていることは、とくにパンデミック以前の生活の記憶を大人ほど持っていない子どもにとって大変恐ろしいことだと思います。

コロナ禍以前ですら、子どもたちが社会でさまざまな他者と触れ合う機会が乏しくなっているな、と感じてきました。たとえば、私が教えている京都大学のあるクラスで、「子どもを抱っこしたり、遊んだことのある人いる？」と聞いたことがあります。「ある」と答えた学生は、50人中2人いるかどうかくらいで大変驚きました。彼らの多くは、これからも自分の子どもを持つまでその存在に触れ、感じる経験を得ることはないでしょう。

他者の心の機微を身体経験を通して感じる社会的感性が、このコロナ禍でいっそう育まれにくくなっているのは自明です。この感性が日常生活で自然に育まれることに期待が持てなくなった今、フィジカル空間での身体を通した活動経験を、これまで以上に子どもたちに豊かに提供することを強く意識していかなければなりません。

子どもたちの脳と心の健やかな発達を支えるには、大人の側の認識を変えることが必要です。大人ですらマスクを着用して外に出るのが当たり前、その不自然さに疑いすら持てなくなっているのです。今こそ、パンデミック以前の生活を思い出し、パンデミックによって失われたもの、逆にパンデミックによって新たに気づいたことなどを意識的に思考整理する脳内作業が必要でしょう。

この脳内作業とは前頭前野の働き、メンタライジングそのものです。しかし、不安やストレスが高いと、メンタライジングを働かせることが難しくなります。なぜなら、扁桃体を中心とする大脳辺縁系の活動が高まるので、それを抑制する前頭前野との拮抗関係が弱くなるからです。

ところが、テレビや新聞を見ると、いまだにコロナ感染への不安を煽るような報道や専門家のコメントであふれています。典型的な例を挙げると、マスク着用の是非について、日本が誇るスーパーコンピュータ「富岳《ふがく》」による飛散シミュレーションが私たちに大きな衝撃を与えました。「マスクをつけている人とつけていない人との間で、これほど飛沫の広がり方が違う」という映像を視覚的に示されたことで、人々の不安はいっそう高まったと思います。

私自身も、マスクをしていない人がランニングしながら前方から近づいてくると、あのシミュレーション映像が頭をよぎり、思わず息を止めてしまったことがあります。陽性者の数がうなぎ上りに増えて感染状況が悪化すると、「この場面ではマスクを外しても大丈夫だ」と頭の中では分かっていても、マスクを外すことに抵抗を感じている自分に気づくことも多々ありました。

コロナ対策の専門家チームの意見は、概して厳しい感染対策を国民に一律に強いようとする、トップダウンで出された指令であるかのような印象を受けます。もし何かあったときに負うことになる責任を意識されてのことでしょう。それはそれで仕方のないことかもしれません。

しかし、国民の不安や危機感を煽る情報が、さまざまな角度から精査されることなく発信されている。一人ひとりの国民の立場を想像した上での結論であるとは感じられないのです。さまざまな立場にある人々が抱えている不安への配慮、心理的なケアに軸を置いた議論は、驚くほど希薄です。コロナ感染による「いま・ここ」の身体的ダメージと同じくらい、人々が抱く社会不安の高まりやその長期化がもたらす表面には現れにくいリスクに対しても目を向けるべきでした。とくに、日本で子どもたちの立場に寄り添った議論がまったくといっていいほどなされてこなかったのは、欧米諸国との決定的な違いでした。人類が危機に直面している今こそ、次世代を継ぐ日本国民を優先的に守らなければならないはずなのに――。

子どもたちは、大人の不安を想像以上に敏感に感じ取っています。不安を過度に煽るようなニュースばかりを耳にすると、大人だけでなく、子どもも同じようにストレスを感じていることに気づいているのでしょうか。

国立成育医療研究センターが2021年8月に公表した「コロナ禍におけるこどもたちの心とからだ」の資料に、小学校6年生の女の子の声が掲載されていました。

「なんでもコロナだから……ばっかりで自分の行動や気持ちを制限されている気がした。大人は大人で、いろいろ大変なのかなと思って相談しづらくなってしまった。みんな常に笑っているときも心の中でイライラしている気がした」

子どもたちは、大人の不安を黙って背負いながら生きてきたのです。とても切なくなります。

ポストコロナ時代を生きていくために

パンデミック当初は、そうした状況であっても仕方がなかったとは思います。「正体の分からない、感染すると死んでしまうウイルスかもしれない」未知のウイルスが、またたく間に世界中に広がっていったわけですから。

それから3年近くが経ちます。コロナウイルスは変異を続けてはいますが、それでも私たちはこれまでの経験から、コロナウイルスの正体をある程度は理解することができています。感染に対する重症化予防効果があるとして、国はワクチン接種を推奨し、大人では3回目、4回目のワクチンを打っている人も増えてきました。現在はオミクロン株が主流となり、致死率や重症化率が低下していると聞きます。そろそろ「コロナ風邪」と呼んでもよいくらいの時期、勇気を持ってコロナ前の日常を取り戻す決断をする時期だと考えてみることは悪いことなのでしょうか。

こういう主張をするときに最も懸念されるのは、医療従事者、介護福祉の方々が抱える負担の大きさです。医師に、「感染がこれ以上拡大すると医療が逼迫《ひっぱく》する」と言われると、返す言葉がありません。しかし、現在の感染拡大の主流となっている変異株の重症度はさほど高くありませんから、これまでの医療体制を根本から見直すことで、ある程度は克服できる問題ではないかと感じます。医療分野の門外漢である私が発言するのもはばかられますが、陽性者が増えても医療逼迫しないように、無症状もしくは軽症の方への扱いや対応を変えることは容易にできるはずです。

限られた医療資源をどのような優先順位で使うかを、感染状況に応じて議論・判断し、迅速に適切な指針を出していくのが国のリーダーの役割ではないでしょうか。それにより、現場の負担は間違いなく軽減していくはずです。軽症者が大半を占めるコロナ罹患者よりも、リスクも逼迫度もはるかに高い病気に見舞われている患者さんはたくさんいます。政治家や感染症の専門家の方々には、これまでの思考にとらわれず、より前向きで先を見据えた発想で次世代を守るための議論を進めていただきたいと思います。

発想を大きく転換させる議論にこそ、前頭前野の働き、メンタライジングが必要となるのですが、日本の施策の舵取りを担っている方、メディアから発せられる内容を見ると、「陽性者数が過去最高レベルになった」「現場が崩壊している」と不安を煽るような発言があまりに目立ちます。彼らが抱える社会的責任の重さゆえに、大脳辺縁系と前頭前野の拮抗関係が崩れ、前頭前野の働きが弱くなってしまっているのかな、と感じます。

今後、ウイルスがどのように変異するかは分かりません。今よりも強毒な変異ウイルスが出てくる可能性も大きいです。しかし、そういった事態になったときに、マスク着用やソーシャルディスタンスなど、私たちがこれまでの経験で蓄積してきた科学的根拠に基づく対策をいち早く取っていけばよいのです。

弱毒化しているウイルスが主流となっている今こそ、コロナと共生する覚悟のもと、これまでの生活様式のマイナス面を冷静に分析し、国民の心を支え、元気を取り戻すための発言や施策への転換を図る――メンタライジングを働かせる好機だと思います。「こうすれば大丈夫」「こうすれば安全安心な暮らしを守ることができる」といった希望を持てる、次世代のための生活様式の実現を目指していきたいものです。これは、国民の心のケアにつながり、ひいては、コロナ禍で長期的なリスクを被ることになるであろう子どもたちを救うことにもなります。

さあ、これからはコロナとの共生社会、ポストコロナ社会を見据えた、前を向いた議論を日本でも始めませんか。

この3年間、私たちは先が見えないまま、ただひたすら光の見える出口を探し続けてきました。こうした状況から抜け出すために必要となるのは、手にした「羅針盤」を信じながら進むべき方向を定め、その道標を後世に残していくことです。この過程においては、さまざまな感情が渦巻くことで、羅針盤を疑ってしまう時もあるでしょう。しかし、しっかりした羅針盤さえ持っておけば、最終的にはしかるべき道を選択し、一歩ずつ前に進むことができるはずです。

私は、この羅針盤となるのがヒトという生物の本性の科学的理解、ヒトの育ちの前提や子どもの脳と心を育む環境の本質の正しい理解だと信じています。この羅針盤を皆さんにも活用していただきたい、子どもたちの明るい未来へとつなげたい、と願いながら本書を執筆しました。

第3章

特別対談　明和政子×鳥集 徹

パンデミックで浮き彫りになった「子どもファースト」からかけ離れた日本の実態

脳が発達の途上にある子どもたち。「マスクをつけ続ける生活」が今後も長期化することにより、大人以上に多大な影響を受けることは明らかだ。何らかの問題が生じる前に、私たち大人はどのように「脱マスク社会」を実現していけばいいのだろうか。脳科学の視点から、大人目線でつくられた「新しい生活様式」が子どもたちに与えうるリスクについて警鐘を鳴らす明和政子教授と、マスク着用をはじめとする過剰な感染対策や闇雲なワクチン接種に疑義を呈してきたジャーナリスト・鳥集徹氏の対談を収録する。

マスクで感染が防げるのか

鳥集　脳科学に基づいた明和先生の知見、大変興味深かったです。マスクや直接的な身体接触を避けるという、政府の「新しい生活様式」に従った感染対策を続けることが、子どもの脳の発達という面から見ていかにリスクを伴うものなのか、とてもよく理解できました。

ところが、このような弊害が指摘されているにも関わらず、「マスクをつけたほうが感染予防になるはずだ」という思い込みから、「他者への配慮としてマスクするのは当たり前」と考えている人が多いようです。また、生徒のマスクを早く外せるようにしてあげたいと思っても、「文部科学省や教育委員会の指導に逆えない」「生徒への指導ができていないと学校が非難される」といった理由から、どうしても生徒にマスクを外すよう言えない教員が多いようです。

明和　私はマスクの感染予防効果について自分で検証したことがないので、着用の是非について明確にお答えできないのですが、パンデミックが始まってからのこの3年間で分かってきたことがあります。それは、新型コロナウイルスの感染リスクは、社会生活をすべて止めなければならないほど大きいものではない、ということです。とくに20代以下、年齢が低くなるほどリスクが圧倒的に小さいことは、厚生労働省が示すデータでも明確に証明されています。「マスクをつけましょう」でも「マスクを外しましょう」でもなく、少なくとも「マスクを外しても構わない」という選択肢を、大人は子どもたちに与える時機に来ていると思います。

鳥集　一応、私からマスクの効果についてお話ししますと、ランダム化比較試験（RCT）という、医学的に最もエビデンスレベルが高いとされる臨床試験の方法で、コロナに対するマスクの効果を調べた研究がデンマークで行われています。

コペンハーゲン大学病院が２０２０年４月から５月にかけて成人６０２４人をマスク着用グループとマスク非着用グループの２つに無作為に分けて試験を実施したところ、１カ月後にマスク着用グループで新型コロナに感染した人の割合は１・８％、マスク非着用グループでは２・１％と、マスク着用による感染リスク低下の有意な差は確認できませんでした（Bundgaard, H., et al., Effectiveness of Adding a Mask Recommendation to Other Public Health Measures to Prevent SARS-CoV-2 Infection in Danish Mask Wearers : A Randomized Controlled Trial. Ann Intern Med, 2020.）

また、インフルエンザなどの呼吸器系感染症に対するマスクの効果を調べた臨床試験も、過去に複数行われています。そのうち、信頼性の高いＲＣＴのデータを集めて解析した論文が香港大の研究グループから出ていますが、その結果もマスクに効果は認められないというものでした（XIAO, Jingyi, et al. Nonpharmaceutical measures for pandemic influenza in nonhealthcare settings—personal protective and environmental measures. Emerging infectious diseases, 2020, 26.5: 976-984.）。

マスクが有効であるとする臨床試験の結果や論文もありますが、いずれもRCTより信頼性の低い研究データを用いていたり、研究の方法に問題があると指摘されていたりして、鵜呑みにすることはできません。

いずれにせよ、これらの研究結果から言えることは、もしマスクに感染を防ぐ力があったとしても、現実社会ではそれが実感できるほどの効果は発揮できないということです。そもそも大人だって、マスクをぴったり隙間なくつけることはできません。まして や子どもたちがマスクを正確につけ続けることなんて、まず無理でしょう。それに、パンデミックが始まってから、日本人は100%近い人がマスクをつけ続けてきましたが、第7波になって新規感染者数が世界最多となりました。それを見ても、マスクに効果を期待するほうが間違っていると思います。

明和先生のお考えも、マスクをしたい人はしてもいいけど、外したい人は外していいということですね。

明和　はい。実際、カナダではそうでした。2022年7月7日から10日までカナダのオタワで開かれた「国際乳児学会（the International Congress of Infant Studies）」という、この分野では世界最大規模の国際学会に参加してきました。大きなホテルで開催されたのですが、参加者が多く、日本では信じられないくらいの人混みでした。初日はこの空間にいることがとても不安でしたが、翌日にはコロナ禍前の日常に戻っている自分がいました。しかし、日本に帰国するには、現地出国前72時間以内にPCR検査をしなければなりませんでした。陰性であることが証明されないと帰国便に乗れないので、この時は本当にドキドキしました。

鳥集　その学会には、どれくらいの人が参加していたんですか？

明和　世界中の脳科学や発達科学、心理学を専門とする研究者が、1000人以上は集まっていたと思います。一応、学会会場ではマスク着用は推奨されていましたが、みんなあまり気にせずに議論していましたね。当然ながら、飲食の場は圧倒的に議論が盛り上がるので、カフェやレストランではノーマスクで話をしていました。

ほとんどの人がノーマスクだったカナダの街

鳥集　ほとんどの人がマスクをしてない状況だったんですね。

明和　そうです。欧米人がほとんどですが、研究者という知の専門家が集まる場ですし、何よりも子どもの脳と心の発達に対するコロナ禍の影響などに関心がある者が集まっている場でしたので、ほとんどの人がマスクをしていない選択をあえてしていることに驚きました。

しかし、私がなるほどと感心したのは、マスクを外すときの他者への配慮です。食事のときに「自分はマスクを外すけど、君は気にしない？」と必ず一言聞いてくるんですね。

鳥集　マナーとして根づいているんですね。

明和　そうです。「僕はＰＣＲで陰性だったから大丈夫だと思うけど、あなたは気にする？」「マスクを外しても大丈夫？」と、一応確認してから外すんです。マスクを外したい人は外していいし、つけていたい人、つけていたほうがよい人はその選択を自由にすべき。そうした気遣いが日常に浸透していることに驚かされました。マスクをする、しないの議論はとうに終わっていて、どうすればコロナと共生しながら個々人が自由に生きていくことができるかを考えている。欧米ではすでにこのフェーズに入っているのだ、と実感しました。

鳥集　日本では言葉に出して相手を気遣うのではなく、迷惑をかけないように黙って空気を読んで、周りに合わせるという感じですよね。その文化のために、いつまで経っても、マスクを外すことができなくなっているように感じます。

明和 日本だけでなく、東アジアはとくにそのような傾向が強いかもしれません。学会会場の近くに大型ショッピングモールがあり、そこで昼食をとっていたのですが、ここでは研究者だけではなく、一般市民の日常に触れることができました。オタワではフランス語と英語が使われます。白人、黒人、アジア系、中東系など、さまざまな民族・人種が混在して暮らしている都市であることが一目して分かりました。

車いすを利用している方などもけっこういたのですが、そうした身体的ハンディキャップがあると思われる方は、みなマスクをしていました。シニアの方も、マスクをしている人が多かったです。それから、外見がアジア系の方だと比較的多くがマスクをしていましたね。みんな、自分の身体と心を守るために、マスク着用を自分の意思で自由に決めて生活していることがよく分かりました。

パンデミック当初、アメリカのニューヨークなどで、マスクをしている中国人や日本人が、地下鉄で暴行されるというニュースがありましたね。

鳥集 ありました。「お前らがアメリカにコロナを持ち込んだんだ」という偏見や差別に基づくものだったのでしょう。

明和 でも、少なくともこの7月のオタワではそんな雰囲気はまったく感じられなかったですね。カナダでもさまざまな問題が起こりながら、今ようやくこの生活フェーズにたどり着いたのかもしれませんが。

鳥集 健康そうな人は、マスクをしていなかったということですね。

明和 はい。子どもや若者、それから元気そうに見える人は、みんな外していました。

鳥集 だいたいどれぐらいの割合の人が、マスクをしていた印象でしたか。

明和 1割くらいだったと思います。

鳥集 日本では、スーパーやショッピングモール、電車の中などでは、まだマスク着用率が100%近いですよね。

明和 日本人の場合は、心のバイアスの問題が大きいのだと思います。マスクを外すことに、不安を持っている人が多いのでしょう。

鳥集 カナダでは、マスクをしてない人のほうが圧倒的に多いけれども、ノーマスクの状態の人に「マスクしろ」と強要することもなければ、ノーマスクの人が「マスクを外せ」なんて言うこともない。それぞれがしたいことを尊重しているということですね。

カナダの学校は見学されましたか。

明和　残念ながら学校は訪問していないです。ただ、私が泊まっていたホテルのオーナーに、オタワでの感染対策の現状を聞きました。カナダは人口の50％近くがすでにコロナに感染した経験があるからマスクはもう不要だし、4回目のワクチン接種も希望する者だけで十分だ、私は打たない、と言っていましたね。

鳥集　ということは、カナダではコロナはほぼ終わっている感じなんですね。

明和　もちろん、手洗いや消毒などマナーとして感染対策を意識することは必要ですが、コロナで日常に制約がある、という空気はまったく感じなかったですね。

鳥集　そうすると、学校でも教室でマスクをすることはないでしょうね。

明和　ないと思います。そういえば、少なくともショッピングモールにいた子どもたちは、誰一人マスクをしていませんでした。

鳥集　先ほど、学会では誰もマスクをしていなかったというお話でしたが、脳科学者や発達科学者の皆さんも「マスクに感染予防効果はない」と判断してのことでしょうか。

明和　それは分かりませんが、おそらく、パンデミックの経験を通して、多くの人にとってコロナは「死に至る深刻なウイルス」ではないと分かったからではないでしょうか。「罹ったらしょうがない。それよりも、研究者として充実して生きられる日常を取り戻したい」という思いなのだと思います。

とくに人間の脳や心の働きを研究対象とする者にとっては、オンラインで議論しても物足りない、知的興奮があまりかきたてられないのです。知識を得るだけなら、論文や本を読めばいいわけですから。私たちは、論文を書いた人の背後にある思いや、その先にどのような道筋を描いているのかといった、文字にはならない部分をむしろ共有したいのです。とくに、人間科学は、ある定まった問いに対する解を見出そうという性質の研究ではなく、問い自体を自ら設定しなければならないので、研究者同士が互いに脳をつなげて一緒に考えることが必要です。オンラインでは、なかなかブレインズ・にならないのです。

鳥集　私もオンライン取材が増えましたが、そう思います。パソコンの画面越しだと取材相手の人となりが伝わりづらく、重要なことが抜け落ちてしまう感じがするんです。

明和　握手したり、ハグし合ったりしながら、志をひとつにする。人間を相手とする研究の進展には、こうした身体的な接触が不可欠です。これを求めて、研究者は現地での学会に参加しているのだと思います。

鳥集　メジャーリーガーの大谷翔平選手の活躍を伝えるニュースを見ても、アメリカのスタジアムでは誰一人としてマスクしていませんよね。日本人のほとんどがいまだにマスクをしていることについて、欧米の学会の参加者などから何か聞かれましたか？

明和　確かに、オタワでも「なぜ日本人はいまだにマスクを徹底しているの？」と聞かれました。うーん、なぜと言われても……って、私も答えに窮してしまいました。言われてみれば、明確な理由が自分の中にもないのです。岸田（文雄）総理も、G7などの国際会議の場ではマスクを必ず外していますよね。

鳥集　そうなんです。国内ではマスクするように求めておきながら、海外ではマスクを外すというダブルスタンダードなんです。

明和　日本人は科学的根拠に基づいて、自分のマスク着用を意識的に判断しているわけではなく、周囲に合わせようとする無意識の心のバイアスが大きいのだと思います。私も日本にいるときはずっとそうだった気がします。でも、久しぶりに海外に出て、日本を外側から眺めてみると改めて気づくことが多いですね。

「子どもファースト」からかけ離れた日本の教育現場

鳥集　子をもつ親として、私が一番問題だと思っているのは、学校で子どもたちがマスクを外せなくなっているのは、心理的な問題ももちろんありますが、第一には文部科学省が指針を出していることです。屋外は外していいけれども、屋内はマスクすべしという指針を、いまだに変えていません。そのために、学校によっては頑なにマスクをするよう求める教師がいます。

私もいくつかのケースを取材しているのですが、たとえばある公立小学校の低学年の生徒は、マスクをすると頭が痛くなるというので、お母さんが学校に「マスクを外して授業を受けていいか」と問い合わせたそうです。しかし、学校側は「マスクを外すと別教室でリモート授業を受けてもらうことになる」と答えてきた。「マスクはできないという医師の診断書を持っていってもダメですか」と尋ねても、やはり聞き入れてもらえなかった。

明和　それはひどいですね。

鳥集　それからある県立高校の2人の女子生徒のケースですが、自分たちでいろいろ調べてマスクは必要ないと判断したのでノーマスクで学校に行ってみたら、やはり別教室に連れていかれて、マスクをするか、何かで口を覆わないと授業を受けさせることができないと言われたそうです。「もう分別のつく年齢なんだから、周りに配慮するのが当然」というのがその理由で、もしマスクをしないことで授業を受けられず、単位が取れなかったらどうするのかと聞いたら、「先生たちは、ちゃんとマスクをして授業を受けて、単位を取って卒業してほしかった」と言うばかりだったそうです。

結局、その女子生徒のひとりは「こんな学校で勉強したくない」と、退学することを決めました。

明和　日本は、欧米に比べると「個」として生きづらい文化を持つ国ですね。本編でも書きましたが、そんな時こそ、教師が一方的にトップダウンで一律的な指示を生徒に出すのではなく、マスク着用の是非などをテーマに、子どもたちに主体的に思考させる学習の機会とするのが次世代にとってより有効な教育だと思うのですが。

いずれにせよ、感染リスクが高いと思う場合は、堂々とマスクをつければいいのです。逆に、体調も良くて大丈夫だと思った子は、密閉空間でなければマスクを外したいと主張すればいい。多様な他者に配慮しつつも、時と場合に応じて子どもたちが自ら考え、意思決定する機会を提供するのが、子どもたちの心を支える学校の役割だと思います。これは家庭ではなかなか教えられないことです。

いろいろな制約があるコロナ禍でも、個々の意思が尊重される空気を日本でも取り戻したい。子どもたちは、大人の不安を敏感に感じ取って自分の思いを表に出さずにずっと頑張ってきたのです。そろそろ誰かがリーダーシップをとって、コロナと共生する覚悟を持つフェーズへと移行させる時期に来ていると思います。

鳥集 しかし、日本の政治家や専門家は、子どものマスクを取るための旗振り役を、誰も買って出ようとしません。結局今、子どもに対して行われている感染対策は、子どもを守るためにやっているのではないと私は思うんです。

明和 何を守っているのでしょうか。

鳥集 先ほどの例の小学校や高校に質問状を出して、先生方のお話も聞いてみたんです。どうして、たかがマスクという〝布切れ1枚〟をする、しないというだけで、別教室に子どもを隔離、すなわち教育の機会を奪うようなことをするのか。先生方もおかしいと思いませんか――。そのように問うと、「私たちは教育員会と相談しながらでないと、勝手に答えることはできない」と言うんです。文部科学省や教育委員会に逆らうと、自分たちが処分を受けてしまうということですよね。で、最後には、「もしこの状況を変えようと思うなら文部科学省に文句を言ってほしい」とおっしゃっていました。

私はこれを聞いて、一保護者として悲しくなりました。今の教育現場は、先生方が〝上〟

の顔色をうかがいながらでないと何もできない。クラスターを出すなという社会からの圧力も強い。ぜんぜん「子どもファースト」ではないんです。

子育て経験に乏しい人たちが社会政策をつくっている

明和　鳥集さんが、コロナ禍だからこそ子どもたちに寄り添い、支える子育てをしようと意識してこられたことがよく分かるエピソードですね。常に子どもの目線に立って、社会がどうあるべきか、何をなすべきかを考えていらっしゃる。素晴らしいです。

鳥集　恐縮です。実際、子どもと関わるのは好きですね。

明和　子どもの目線に立てるということは、脳科学から説明すると、前頭前野の働きのひとつである「視点変換」という認知機能で説明できます。自分の心は子どもの心とは異なっていることを理解し、子どもの心をイメージし、推論する能力です。親性脳にも関わっている認知能力ですが、残念ながら、今の日本の施策を決定している方々の大半は、親性脳が発達していない、子育てに対する感性があまりに乏しい……と思えて仕方がないのです。

鳥集　私もそんな印象を受けます。

明和　子どもとはどのような存在なのか、どんな匂いがするのか、どんな肌触りなのか、どんな反応をするのか。積極的に子育てに関わった経験があれば、こうしたことが身体の反応として強く感じられるはずなのですが。

鳥集　確かに、専門家として政府の施策に関与できるようになるためには、家庭を顧みずに勉強や研究に没頭しないと、出世できないかもしれません。

明和　私がヒトの脳と心の発達について研究したいと思ったのは、自分が2人の子どもを産み、育て、苦悩している親としての経験からです。それまでは、チンパンジーの脳と心の研究をしていたのですが、子どもたちがチンパンジーとは違う、人間らしさをどんどん身につけていく姿に感動し、研究対象を変えました。

脳科学分野にもさまざまなテーマや手法があります。神経細胞の仕組みをミクロレベルで解明しようとする者、脳と心の働きがどのように関連するのかを明らかにしようとする者、論文をできるだけ多く書くことに価値を置いている者もいれば、研究の価値をそこに留めることに満足しない者もいる。私の場合は、明らかに後者ですね。親である当事者として、最先端の基礎研究の知見を一般の人々にもっと知ってほしい、子どもたちにとってより良い社会をつくろうとするきっかけとなってほしい。そういう思いで研究を続けています。残念ながら、こういう考えを持っている研究者は、日本ではいまだ少数なのですが。

ヒトの脳と心の研究が示す科学的根拠から学び、それを軸として施策を立てることのできる政治家が、日本ではもっと必要ではないでしょうか。子どもという存在の科学的理解に乏しいから、子どもの目線に立った施策を考えることができない。

鳥集 子育て経験のある人や子どもの目線に立てる人を登用して、社会政策をつくるといいと思うのですが、コロナ対策においてもそれができていないのはどうしてだと思いますか。

明和 まず、日本の政治分野でのジェンダーギャップがとくに大きいことがあると思います。それは、子育て政策の貧弱さ、少子化問題の悪化に見事に反映されているように感じます。

政治や経営といった活動では、一人ひとりの心、自分の心に敏感であり過ぎると成功するのが難しくなるという側面もあるかもしれません。アレキシサイミア、日本語で「失感情症」と呼ばれる性格特性を持つ方がいます。自分の感情への気づきや、その感情を言語化すること、内省することが難しいのです。アレキシサイミアは、感情がないわけではありません。感情があることを認知することができないのです。また、他者の痛みに敏感でなく、過度に自己中心的で共感性に乏しい特性を持つ方もいます。カリスマ性を持つ政治家や経営者、外科医などでとくに多いと言われています。自分の世界に没入して、周囲を気にすることなく突き進む。政治をするには、こうした特性が有利に働く場合も多々あるのでしょうね。

鳥集　脳科学者の中野信子さんの『サイコパス』（文春新書）にも書かれていますね。トップ経営者の多くが、他者への愛情や思いやりが欠如した自己中心的な性向を持つサイコパスだと。そうでないと、競争の激しいビジネスの世界では生き残っていくことが難しい。

明和　そう解釈されることが多いですね。

鳥集　なるほど。そう言われると、公衆衛生を強く求める人たちにもそのような性向があるような気がします。公衆衛生の対策の根底には、特定の医療行為に多くの人が従えば従うほど、大きな効果が得られるという考え方があります。今回のコロナに関連することで言えば、マスク着用やワクチン接種です。それらに従わない人たちに対して、「お前たちのせいで感染が広がった」「感染対策を頑張っている人たちにタダ乗りしている」

といった非難が浴びせられましたが、その根底にはこうした公衆衛生の根幹に横たわる考え方があります。

しかし、社会の成員全員に同じことを強要すれば、全体主義になってしまう。実際、ナチスは「健康は義務である！」という冊子を発行して、がんの撲滅や禁酒・禁煙対策を熱心に進めました。その医学的な良し悪しは別として、公衆衛生は全体主義と親和性が非常に高いということは言えると思います。

ですからコロナに関しても、マスクやワクチンを社会のすべての人に求めることが本当に許されることなのか、医学の専門家だけでなく、哲学、生命倫理学、法学、歴史学といった人文社会科学の研究者も参加して、もっと深い議論をしなければならなかった。しかし、そうした人たちが政府の会議に呼ばれることもなければ、自ら積極的に声を上げることもなかった。日本社会が全体主義に対して無防備であることを痛感して、私は本当に絶望的な気持ちになりました。

明和　同感です。私はその議論の輪に脳科学や心理学の専門家も入れるべきだったと思います。そもそも、科学技術という営みが何のためにあるかと言うと、「一人ひとりが幸せに生きるため」という至上命題があるわけです。真理の追求や技術の進歩だけでなく、それを社会で活かすためのイノベーションの創出が求められている。メタバースをはじめ、サイバー空間が日常となる時代がやってきて、ヒトが進化の過程で獲得してきた感性が育ちにくくなっていると思います。「ヒトとは何か、ヒトとはどのような生物か」という発想を大事にする研究者だからこそ、環境の激変による脳と心への影響なども予測できるわけです。こうしたことも、本来もっと議論すべきなのですが。

少し辛口なことを言わせていただきますと、研究者が、自分が関心ある研究テーマだけに没頭する、自分の楽しいことだけをやっていればいいという時代は、とうに終わっていると思います。

学術の世界だけでなく政治の世界もそうだと思うのですが、人類の幸福実現を目指す役割を担っているからこそ血税を使わせてもらっている、投資されるわけじゃないですか。研究者である私の場合、プライベートでは「子育て」という厳しい修行、自己鍛錬も続けてきたわけですが、その過程で確信したのは、基礎研究という未来志向の営みは、次世代の幸福のためになされるべきであるということ。この気持ちを、研究者のコミュニティでももっと共有していきたいです。そうすれば、研究者はさらに社会から期待され、投資も大きくなると思うのですが。

政府やマスコミが黙殺するワクチンの負の側面

鳥集　そうですね。それに、感染対策をきっかけに全体主義的な風潮が強くなって、多様性を認めない世の中に逆戻りしてしまいました。少し前までは「ダイバーシティ（性別、民族、宗教、価値観などの多様性を認めること）」だなんだって言っていたはずなんですが、マスクをしない生徒から教育を受ける機会を奪ったり、ワクチンを打たない学生を医療・介護の実習に参加させなかったりといった、差別的な処遇がまかり通っています。

ワクチンを推進するにあたって改正された予防接種法の附帯決議には、ワクチンを接種しない人に不利益を被らせたり、差別的な扱いをしてはいけないと明記されているのに、多様性を認めよう、不当な差別をやめようという流れが、コロナ騒ぎによって雲散《うんさん》霧消《むしょう》してしまった感じが私にはするんです。

明和　本当ですね。そもそも、多様性は生物進化の根幹ですから。同じ種でもさまざまな個性を持つ変異体が出てくるからこそ、淘汰されずに生き残る個体が生まれる。それが結果として、進化となるのです。

ただ私は、感染拡大を抑えるために、できるだけワクチンを接種しようと推奨する活動は良いことだと感じていました。そうすれば、感染時の重症化を避ける効果はもちろんですが、人々の心の側面、不安も大きく軽減されるに違いない、と思ったからです。もちろん、ワクチンの弊害が10年後、20年後にどんなふうに現れるかは分からないですが。

これについて鳥集さんはどう評価していますか?

鳥集　私は、もうこのワクチンは打つべきではない、とくに子どもや若者は絶対に打ってはいけないと考えています。

２０２２年９月20日現在、コロナ感染死と公表されている人の数は10歳未満が21人、10代が10人、20代が57人です。多いように感じますが、これはコロナの国内感染が始まってからの2年半の累計で、しかも10歳未満、10代、20代にはそれぞれ10の学年が含まれていますから、それらの条件を踏まえて計算すると、10歳未満も10代も1年あたりでコロナで亡くなる同級生は1人未満となります。20代はおよそ2人です。しかも、コロナ感染死とされている人の中には、他の病気や事故で死亡した際に、たまたまコロナ陽性だった人も含まれているので、本当にコロナが直接死因だった人はもっと少ないはずです。それが、若い人にとってのコロナのリスクです。

一方、厚生労働省の「厚生科学審議会予防接種・ワクチン分科会副反応検討部会」（2022年9月2日開催分）で公表されたデータによると、ワクチン接種後に「死亡」と報告された件数は10代が9人、20代が40人となっています。つまり、接種開始から1年ちょっとで、10代、20代はコロナ感染死と同じか匹敵するほどの人がワクチン接種後に亡くなっているのです。

さらに、私はこちらも非常に深刻な問題だと思っていますが、ワクチン接種後の副反応疑い報告の件数が、10代は1480人、20代は2945人にも上っています。接種率が20％にも満たない10代未満でも、すでに74件報告されている。製造販売業者からの副反応疑い報告は「重篤」と判断された症例とされています。つまり、コロナで亡くなる人に比べて、それよりはるかに多い子どもや若者がワクチン接種後に亡くなったり、重い病気に苦しんだりしているのです。

明和　知りませんでした。

鳥集　こうした事実が広く知られると、国民がワクチンを打ってくれなくなるからだと思いますが、政府やマスコミは積極的に公表しようとしません。また、ワクチン接種を推進する医師たちは、厚生労働省に集まる副反応に関する報告はワクチンと直接の因果

コロナワクチンのリスク

	コロナのリスク		ワクチンのリスク	
	コロナ感染死	致死率(%)	副反応疑い(重篤)	死亡報告
10代未満	21	0.0	74	0
10代	10	0.0	1,480	9
20代	57	0.0	2,945	40
30代	147	0.0	2,912	44
40代	473	0.0	3,608	69
50代	1,239	0.1	2,906	115
60代	2,539	0.2	2,219	163
70代	7,630	0.9	2,585	389
80代以上	24,705	3.0	3,127	867
不明(致死率は全年齢)	7,038	0.2	2,023	42
合計	43,859		23,879	1,738

コロナのリスクは「新型コロナウイルス感染症の国内発生状況(速報値)令和4年9月20日時点」より
ワクチンのリスクは「厚生労働省予防接種・ワクチン分科会副反応検討部会(令和4年9月2日)」より

＊ワクチン接種後の副反応疑いと死亡の件数は製造販売業者からの報告(資料1－2－1 ④年齢別報告件数)
＊製造販売業者から報告された「副反応疑い」は「重篤」と判断された症例
＊「『重篤』とは、①死亡、②障害、③それらに繋がるおそれのあるもの、④入院、⑤①～④に準じて重いもの、⑥後世代における先天性の疾病又は異常のものとされているが、必ずしも重篤でない事象も「重篤」として報告されるケースがある」と注記されている(資料1－2－1 ①週別報告件数)

関係が証明されたものではなく、接種後に起こったどんな有害事象も広く報告される仕組みになっているといいます。だから「ワクチンで死んだ」とか「病気になった」と言ってはいけないと。

しかし、厚生労働省のホームページに副反応報告の基準が掲載されているのですが、それによると「医師がワクチンと関連性があると疑った症例」を報告するように書かれています。ですから、ワクチンとまったく無関係と医師が思った症例は、ハナから報告されていないはずなんです。

さらに言えば、報告されている症例は氷山の一角である可能性が高い。なぜかというと、報告する書類への記載が大変で、「ワクチン後遺症」を積極的に診ている医師たちでさえ、すべてを報告はできていないと証言しているからです。それに、医師が報告しようとしても、上司や病院が止めるという証言も聞いています。

データをオープンにすることが必要

明和　鳥集さんに教えていただいたデータは、とても重要だと思いました。このままワクチンを接種し続けるかどうか、議論の余地がもっとあると思います。一般の方も知らない、考えてもみなかったことです。こうしたデータを踏まえたうえで、「子どもたちのコロナのリスクと天秤にかけたときに、あなたはどう思いますか？」と問いかけ、自分自身で考え、判断する思考作業がものすごく重要だと思うのです。

鳥集　そうです。「こちらが絶対に正しい」という押しつけではなく、判断材料をオープンにして、それぞれが考えて、話し合うプロセスが大事だと思います。

それに、こんな問題もあります。ワクチン接種が始まった２０２１年は、前年に比べ死者が6万７０５４人増加、1年間で１４３万人という過去最高の死者数でした。一方で、出生数は前年に比べ約3万人減って81万１６０４人でした。２０２２年になってからも死者が増えて、出生数が減っているので、日本の人口減少の傾きは、さらに急になっています。

明和　コロナによる犠牲者の数ばかりに注目が集まっていますが、こちらの問題もかなり深刻ですね。

鳥集　深刻です。政府もマスコミも日本の少子化は大問題だと認識していたはずなのに、まったくといっていいほど報じなくなった。国民に知られてはまずいと思っているのかもしれません。

明和　若い方々は、経済的な問題だけではなく、これほど混沌とした時代の中で、安心して子どもを産みたい、育てられるとはとても思えないですよね。それが出生数の減少につながっているような気がします。

鳥集　そうですよね。私も大学生に話を聞いたのですが、自分たちだけでも生活するのが精一杯なのに、子どもの生活まで面倒を見ることができるのか不安になると言うのです。だから、結婚すること自体を躊躇すると。結婚して赤ちゃんができたとしても、ワクチンを打たないと病院がなかなか受け入れてくれないとか、コロナ陽性になったら帝王切開での出産になってしまうという現実もある。そんな状況で、今、子どもをつくろうとはなかなか思えないですよね。

明和　おっしゃるとおりです。

鳥集　私たちが子どもの頃は、1年間に200万人近い子どもが生まれていました。ところが、高齢化が進むとともに、出生数がどんどん落ちていって、生産人口が減ってしまった。数少ない働き手たちで、それよりボリュームの大きな高齢層を支えなくてはいけないことが、医療財政や年金制度など社会保障の財政が厳しくなっているおもな要因です。だからこそ「少子化は大問題だ」と言われていたはずなのに、このパンデミック

当月を含む過去1年間※の自然増減数

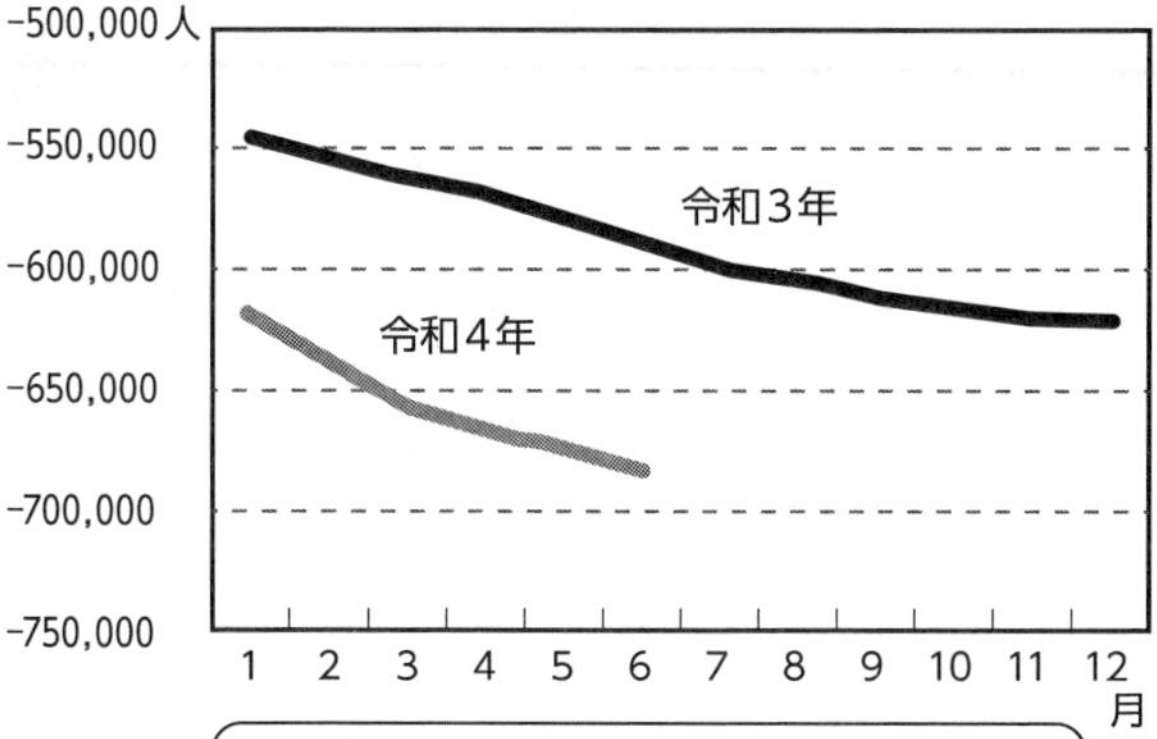

※R3年1月…R2年2月～R3年1月までの1年間
R3年2月…R2年3月～R3年2月までの1年間
⋮
R4年6月…R3年7月～R4年6月までの1年間

（出典：厚生労働省「人口動態統計速報」令和4年6月分」より）

でうやむやにされてしまった。

　やはり、日本の未来を担う子どもたちを大人がどうやって守るのか、若い人たちが安心して産み育てることができる社会にするためにはどうすればいいかを、本気で議論しなくてはならないというのが、私の気持ちです。

明和　確かに、データを丁寧に見るといろいろなことを考えさせられます。まずはっきりしていることは、若い世代と高齢の世代でコロナのリスクやワクチンのメリットはまったく違うということです。

そして、次に議論すべきは、高齢

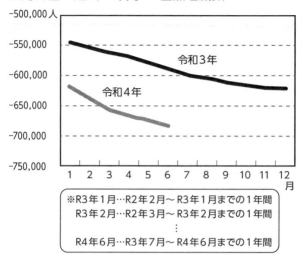

者を守るための施策が、実は子どもや若者の大切な人生を奪っていることになっていないか、という点だと思います。

鳥集　まさにそうですね。

明和　高齢者を対象とした施策によって、子どもや若者の大切な毎日が犠牲となっている。そういう思いを抱く科学的根拠があるからです。子どもや若者の脳は、大人の脳の「小型版・ミニチュア版」ではけっしてありません。この時期の環境経験が、その子が生涯もつことになる脳を決めていくことになるのです。環境の影響を強く受けながら脳を発達させている途上にある子どもたちに、大人にとって望ましい環境を押しつけるやり方は、日本の将来のことを考えても見直さないと。

鳥集　本当にそう思います。極端に聞こえるかもしれませんが、私は「お年寄りや社会を守るためにマスクやワクチンを」と求めることは、子どもや若者に「お国のために命を捧げよ」と言っているのとどこが違うのか、と思うのです。明和先生がおっしゃるとおり、子どもや若者にとってのマスク着用は、脳の発達になんらかの影響を与える恐れがある。それなのに、なぜ子どもや若者がそのリスクを負わなくてはならないのか。この根底に、死ぬかもしれないことが分かっていながら、若者を戦場に行かせた戦時中と同じ嫌な匂いを感じるのです。

明和　親として、本当にそうだと思います。日本を守るため、という大義名分でやってきたことが、実はものすごく偏った一部の大人の考え方でしかなかった。そういうところに気づかない限り、本当の意味で多様性が尊重される社会、一人ひとりが幸福感を得られる社会の実現などあり得ません。マスクやワクチン接種をはじめとする、世代の違いを考慮しないコロナ対策を一律的に押しつける施策、実践は、見直すべき時期にきていると思います。こうした発想なしに、コロナと共生していくことは難しいでしょう。

それぞれの人の考え、立場を尊重できる国こそが、真に文化的であり、民主主義的なのだと思います。

子どもたちの描く絵から「鼻」が消えた

鳥集　たかが布切れ1枚をつける、つけないで、こんなに国民同士がいがみ合うというのは、ほんとにしょうがない話だなと思います。

それから、子どもたちがマスクを外せない大きな理由のひとつとして、大人たちが外さないこともすごく大きいと思います。厚生労働省ですら、2022年5月頃から、「熱中症のリスクがあるから屋外は外しましょう」と広報し始めました。それにも関わらず、いまだに小中学生たちがマスク登校している姿を見ます。

いつも朝、車で通る横断歩道に差し掛かると、旗を持って小学生たちが横断するのを見守ってくれる「緑のおじいさん」がいるんですが、その方がいつも帽子を被ってサングラスかけてマスクしているんです。良いことをしているんですが、正直言って、とても怪しい人に見えます。それに、緑のおじいさんがマスクをしていたら、子どもたちだって安心してマスクを外せません。

明和　子どもたちは、私たちが想像する以上に大人のふるまいをよく見て、不安、価値観を敏感に感じていますから。

鳥集　それに、子どもたち同士で注意し合うという話も聞きました。マスクから鼻を出していると「先生も言ってたでしょ、鼻を隠しなさいよ」と言われたり、体育の授業で外していると「おい、マスクつけろよ」って言ってくるクラスメートもいるそうです。

明和　切ないですね。子どもは、大人に言われたことを疑いもせず必死で守ろうとしますよね。

そういえば、先日、ある保育園の先生に聞いた話で、すごく驚いたことがあります。

子どもたちが顔を描くとき、たいていは目、鼻、口の3つを描きますよね。ところが、最近は鼻を描かない子どもたちが増えているというのです。保育士歴数十年の先生も、こんなことは初めてだと話しておられました。

鳥集　マスクは描かないんですか。

明和　マスクは顔ではないので、あえて描かないのでしょうね。最近の傾向としては、目をより具体的に描くようになっているそうです。グルグルって黒い丸を描くだけではなく、白目と黒目のコントラストをはっきり描く。毎日の生活で、子どもたちがいかに相手の目に注意を向けているか、向けざるを得ない状況にあるかを物語っているようです。

鳥集　目の一点に視線が集中してしまっているんですね。

明和　そうです。赤い色をしている口は視覚的な顕著性が高く、子どもたちは目と同じくらい口元を見ることが分かっているのですが、今、マスクによって口元は見えない。ましてや鼻はお絵かきのときには、意識から遠のいていきやすいでしょうね。

鳥集　余談になるかもしれませんが、私の知り合いの精神科医が冗談半分に、「これからは〝唇フェチ〟が増えてくるのではないか」と言っていました。小中学生たちはパンデミックになってから、異性のクラスメートのリアルな唇をほとんど見ていないはずです。ですから、マスクを外しただけで、とても強い刺激を感じるかもしれません。

明和　分かります。昔、野生チンパンジーの研究のためにアフリカのギニア共和国に滞在していたのですが、そこでは、現地の男性も女性も、あまり気にせずに上半身を露出していました。誰も気にしていないので、私も上半身裸になろうかな、気持ちいいだろうな、と思えてきました。日本人の同僚がいたので、さすがに実行に移すことはありませんでしたが。

ですから、今おっしゃったことはすごくよく分かります。身体のある特定の場所を隠す社会では、絆がある限られた人だけに見せるもの、特別なものになる。マスクで唇を隠す日常によって、思春期の心になんらかの異変が起こっている可能性も一概に否定できないですね。

“絆”なしには生存できないヒト

鳥集　テレビにコメンテーターとしてよく登場する北村さんというお医者さん（日本医科大学特任教授・北村義浩《よしひろ》氏）が2020年11月に「マスクはパンツだ。人前で取るな」

と発言したことが話題になりました。これに象徴されるように、専門家たちはマスクをいつでもどこでもつけるべきという「ユニバーサルマスク」の考え方を、ずっと押しつけてきました。しかし、公衆衛生を強調する専門家たちは、人間の深い心理や文化の問題、脳科学的知見も含めて、何も考えていないのではないでしょうか。

明和　こうした明確な答えがまだない問題については、ひとりの専門家だけでなく、多様な専門家による意見のぶつかり合いこそが必要ですね。「新しい生活様式」が求められた当初、多くの人が違和感を覚えたと思いますが、コロナウイルスの実態がまだ分からなかったので、そんなことを口にしてはいけない空気がありました。学術界でも、感染症の専門家以外は意見すべきではない、という雰囲気が強かった気がします。

鳥集　私はやはり、コロナのことばかりを考えるのが問題なんだと思います。人間というのは、常にさまざまなリスクに晒されながら生きているのに、コロナだけクローズアップして、コロナさえどうにかすればいいという考えに社会が支配されてしまった。

明和　これから人類は、コロナと共に生きていくしかないわけですから。今後ウイルスを撲滅するという考え自体、ものすごく傲慢な気がします。

鳥集　東日本大震災が起きたときに、被災して仮設住宅に入った人たちの中で、どういう人が健康を損ないやすいかというと、家族を失って孤立した人だということが指摘されました。それもあって、「人と人との絆が大事だ」ということが盛んに言われてきたわけです。ところが、それとはまったく逆のことを「新しい生活様式」では求められるようになった。

明和　おっしゃるとおりです。ぼんやりとした表現に感じられるかもしれませんが、社会の絆ほどヒトという生物の生存に必要なものはありません。本編でも脳科学の観点から説明してきましたが、ヒトの発達の原理をある程度理解していただければ、それが腑に落ちるはずです。

大切な人々や財産を失った被災者の方々は、自分だけで身体に起こる反応、感情を抑えることはできません。誰かに抱きしめられたり、さすってもらったりすることが不可欠なのです。身体内部の恒常性、ホメオスタシスが崩れてしまったとき、それを外側から安定させる他者との身体接触が必要となるのです。これを「絆」という言葉で表現しているのであって、本来は哺乳類動物すべてに備わっている、生存をかけた生体システムです。

鳥集　私は医療現場を長く取材してきました。在宅医療で著名な医師の密着取材も何度かしたことがあります。そこで何が行われているかというと、医療技術的には大したことはしていないんです。でも、おじいちゃん、おばあちゃんの背中をさすりながら、ずっと話を聞いている。たとえば戦争中の苦労話などを延々と聞かされるわけですが、その間、お医者さんは身体から手を離さない。それで、患者さんたちはみんな、嬉しそうな顔をしている。それを見て、私も幸せな気持ちになりました。日本語には治療を意味する「手当て」という素晴らしい言葉がありますが、まさに、このお医者さんたちは手当てをしていると思ったんです。

明和 まさにそうですね。本編でも話しましたが、触覚の神経線維には「A繊維」「B繊維」「C繊維」があるんです。それぞれ、信号を伝える速度が違うのですが、とくにC繊維はゆっくりと優しく触れられることで反応し、温かさや心地よさを生じさせます。毎秒2、3㎝くらいのゆっくりとした、いわゆるタッチングですね。愛情ホルモンと呼ばれるオキシトシンが高まったり、ホメオスタシスが安定したりします。

今おっしゃった、お医者さんが手を握るとか、なでてあげるというのは、単なるヒーリングのレベルを超えて、実際に患者さんの心身を安定させる働きがあるのです。「痛いの痛いの、飛んでけ！」といって優しくなでることで、本当に鎮痛効果が起こるのです。経験を積んだ医師は、それを経験的に理解しておられるのでしょう。

環境がもたらす発達のリスク

鳥集 日常で我々が大事と感じることには、科学の裏付けがあるんですね。

明和 そのとおりです。昔から言われてきたこと、たとえば「三つ子の魂百まで」などは、見事に的を射た表現だと感じます。「身心一如」もそうですね。脳や心の健やかな成長には、身体を使った経験、感覚が不可欠です。しかし、今、その真実を軽視して、大人の自己中心的な欲望のままに社会が変えられようとしているように思えます。

鳥集 全国の医学部で、医学生たちに「手当て」の大切さを教えてもらえるといいのですが。

明和 私は、京都大学医学部附属病院のNICU（新生児集中治療室）で育つお子さんを対象に長く研究を行ってきました。予定日より早く産まれた赤ちゃん、早産児は、就学前までに発達障害と診断されるリスクが、満期産児と比べて3〜8倍くらい高いと報告されています。早産児は本来、お母さんの子宮内環境で育つべき胎児です。しかし、命を救うために保育器の中で育ち始めます。

本編でも話したとおり、ヒトの大脳の神経細胞は、胎児期から生後数カ月が最も多く、そこから環境の影響を受けて、必要となる神経細胞間のネットワークが残っていきます。育つ環境に適応的な脳へと変化していくのですね。脳発達の感受性期です。

早産児は、この時期に環境の影響を大きく受けるとみられます。たとえば、NICUは医療を施さねばなりませんので、ある程度明るくなければいけない。医療機器からの音響ノイズも24時間経験する。また、1日の大半を保育器の中で寝かされているので、身体を動かしたり、他者から身体接触を受けたりする経験も制限されます。本来育つべき子宮内とはまったく異なる環境です。こうした異質な環境経験を感受性期に受けることで、発達のリスクが高くなると考えられています。命を救うためには仕方のないことですが。私の長男もそうしたケアを受けて命を救っていただきました。

鳥集 日本は帝王切開率が高くて、早産で生まれる赤ちゃんも多いのではないでしょうか。パンデミックになって、ますます帝王切開率が高くなった可能性があります。

明和 そうですね。日本だと今は10人に1人以上が早期産あるいは低出生体重となっています。これは、先進諸国のなかで突出して多い割合です。

昔は、ハイリスク妊娠や多胎妊娠の場合、母子の命を救うためにできるだけ早く帝王切開して出そうという流れだったのですが、今では予定日に達するまでできるだけ子宮の中で成長させることが優先されるようになってきました。赤ちゃんの脳発達に関する科学的根拠が、臨床方針を大きく変えてきたのです。

先進国では、発達障害児の割合が急増していることが知られています。日本もそうです。この増加の要因のひとつに、早産児の出生割合の増加も関連しているとみられます。

鳥集　こういうことを防ぐためにも、なるべくお母さん、お父さんに積極的にNICUに来ていただいて、触ってもらったり抱っこしてもらったりすることが必要ということですね。しかし、コロナの感染対策のために入室が制限されて、触れ合える時間がますます少なくなっているのではないでしょうか。

明和　そうなんです。NICUに入院されるお子さんを出産されたお母さんの多くは、心に深い傷を負っておられます。この状況で、お母さんに「もっと頑張れ」なんてことはけっして言いたくありません。しかし、身体を介した触れ合いによって、親御さんとお子さん双方の身体内部にオキシトシンが高まり、両者の絆の形成が促されることは間違いありません。身体接触は赤ちゃんのためだけでなく、親性脳の発達にもすごく重要です。子どもとの触れ合いによって、子どもだけでなく親も育っていくわけですから。

鳥集　赤ちゃんが早産で産まれると、親の側の子どもへの愛着も薄くなってしまう傾向があると聞いたことがあります。

明和　よくご存じですね。赤ちゃんが早産で生まれると、退院後の虐待リスクが高くなるという報告があります。ですから、親にとっても、出産後できるだけ早い時期から赤ちゃんとのスキンシップを持つことはとても重要なのです。

鳥集　赤ちゃんだけではありません。高齢者施設に暮らすお年寄りや、がんなどの病気で終末期を迎えた患者さんも、コロナのために面会が制限されて、ご家族と会えないという話をよく聞きます。施設に閉じ込められてしまって外に出られなくなったり、家族と話す機会が減ってしまうと、お年寄りの場合どんどん衰弱してしまったり、認知機能が落ちてしまうという問題も指摘されています。

他者との身体の触れ合いを制限することの意味を、政府の施策をつくる人たちは、もっとよく考えるべきだと思います。

日本人は集団に同調しやすい？

鳥集　話は戻りますが、欧米では、マスクをすることが法律に基づいて義務化されたところが多かったと聞いています。もともとマスクをする習慣があまりないので、義務化しないとしてくれないからでしょう。ところが日本だと法律にしなくても、90％以上の人が自ら進んでマスクをする。その中で、どうしてもマスクしたくない人やワクチンを打ちたくない人がいると、学校や病院、会社はそれを認めない。どうしてこんなに、日本の社会では多様性が認められないのでしょうか。

明和　生存に関わる、生物の基本的な本性です。自分と異なる見ず知らずの者を受け入れることは、不安ですよね。しかし、自分に似た人、考え方などが近い人だと何となく受け入れやすい気がする。未知の環境、個体と遭遇したとき、どのような反応が返ってくるのか脳が予測しにくいため、扁桃体の活動が活性化し、不安が高まります。不安傾向が高い人は、少しでも予想外のことが起きると苦しくなってしまう。

　地勢的にも閉鎖的な環境の中で生きてきた日本人だと、人種のるつぼと呼ばれる国や地域で生きてきた人々に比べて、その傾向が強くなってしまうのは当然かもしれません。多様性を受け入れることが大切であることに疑いを持つ人はいないのですが、いざそれを実践しようとなるとどうしても心の壁を崩せない、そうした感覚はあると思います。

　産まれたときから多様であることが当たり前の文化で脳発達の感受性期を過ごした人

とそうでない人とでは、脳内の情報処理が異なっている可能性もあります。その点も、マスクやワクチンに対するとらえ方の違いに関係している気がします。

鳥集　日本人の多くは他者と違うことをするのも、バックグラウンドや考え方が自分とは違う人を許容するのも苦手なのだということを、このパンデミックで痛感しました。

マスクをしない人に注意してくる、いわゆる「マスク警察」がたまにいますが、その人は周りと違うことをしている他人が怖かったり、不安だったりするということなんでしょうか。

明和　不安を予期して生じる、無意識的な身体、脳の反応が大きいのでしょうね。扁桃体を中心とする大脳辺縁系の活性度が高くなり、その抑制が難しいのだと思います。問題は、なぜ脳がそのような不安を予測して働くようになったのか、その人に何があったのか、ですね。もしかすると、マスクの問題に限定されず、さまざまな環境変化への不安傾向が高い方である可能性があります。

鳥集　でも、できれば前頭前野でその不安を抑えてほしいですよね。

明和　はい。シニア世代になると、どうしても前頭前野で大脳辺縁系をトップダウンに抑制する機能が弱くなってきたりもします。

鳥集　いますね。昔は温厚だったのに、年を取ってから人が変わったように怒りっぽくなる人。それと、ノーマスクの私には注意してくる人はほとんどいないんですが、講演に来てくださった人のお話を聞くと、女性やか弱そうに見える人が、よく注意されるというんです。すごく卑怯だなと思って。

明和　それはやはり、ジェンダーに基く偏見や不平等に関わる問題ですね。女性は身体の大きさが男性に比べると小さく、力でねじふせられる、操作しやすい対象となりがちです。サルやチンパンジーも、オスのほうが身体が大きくて、メスを肉体的な力で統率しがちです。ただ、メスのほうも団結してふるまうことで、結局のところ、オスをコントロールしている場面も多いのですが。人間も同じでしょうかね。

女性や子ども、弱い立場にある者をねらって注意するのは、ある意味、生物の性《さが》かもしれません。しかし、ヒトは、人間らしく生きるための前頭前野を持っているわけですから、そんな問題は知性を使えば克服できるはずです。実際のところ、社会はそうした差別であふれていますが。

次世代を導く「師」が必要

鳥集　だからこそ、学校の先生こそが多様性を認める教育をしなくてはならないと思うのですが、どうでしょうか。

明和　そうですね。私は京都大学の教育学部というところに所属しています。「教育」と名前はついていますが、教員養成を目的とする学部ではありません、ヒトとは何か、人間らしく生きるために必要となる脳や心、社会とはどのようなものか、という視座からの基礎研究を推進する役割を担っています。ですので、この学部を卒業して、小中高校の先生になる方は少数です。

しかし、私はむしろ、こうした人間諸科学の基礎をしっかりと叩き込まれた学生にこそ、現場で次世代を教育するプロフェッショナル、教「師」になってほしい、と願っています。

鳥集　そういう学問を修めた人たちこそ、多様性を認められるということですか。

明和　「ヒトとは何か」という命題を常に意識し、それを考えるためのアプローチを身につけた者は、現場でさまざまな問題が起こったとき、それを経験知によって解決するにとどまらない発想で向き合おうとするはずです。表層的に問題をとらえるだけでなく、その問題の背景や要因をたどり、分析し、根底にあると思われるメカニズムまでを理解しようとするでしょう。教科教育、つまり何をどのような方法で教えるかという知識からだけでは到達できない思考力です。数学の教育法とかICT教育の活用法といった、実践の具体的なノウハウだけでなく、生物としてのヒトの本性の根幹を理解し、複雑に絡み合う問題を客観的にひも解き、解決への有効な方法を提案し、それを現場で実践できる力量が必要です。

とくに現代社会では、教育現場が抱える問題も複雑化してきていますので、むしろ、ヒトという存在を理解するための基礎の部分を豊かにする、深い洞察と思考力を持った教師教育が求められると思います。どんなに巧みな教えるスキルがあっても、一人ひとりの生徒や親の立場にたって冷静に分析できなければ、次世代を教え導く「師」にはなれないと思います。

昔は、先生は、子どもだけでなく親からもすごく尊敬されていましたよね。でも、今は先生方から親御さんへの気配り、サービスがすごい。親とともに子どもを育てている社会のパートナーという位置づけではなくなってきている。そうした印象を持つのは私だけでしょうか。教師を志望する学生が減ってきていますが、その社会的地位の低下も関連していそうです。

鳥集　そう聞きますね。

明和　だからこそ、教師が「師」と呼ばれるに値するプロフェッショナルであることに自信と誇りを持てる学生を、もっと社会に送り出していかねばならない。産学官だけでなく、保育、教育現場にこそ優秀な人材が必要です。しかし、今、先生方の労働環境の劣悪さが問題となっています。「レベルの低い教師よりも、AI（人工知能）で教えたほうがよいのではないか」という話まで持ち出されています。

鳥集　先生たちもブラック労働でかわいそうだなと思うのが、パンデミックになってから、授業が終わったら机やアクリル板を一生懸命アルコールで消毒するといった業務が追加されて、本来教師としてやるべきこと以外の面倒くさいことがさらに増えてしまった。しかも、冒頭で話した、「マスクを外したい」という生徒がいる高校の教頭先生と電話で話したら、もう3年も居酒屋に飲みに行ってないというんです。

明和　3年もですか！

鳥集　学校でコロナのクラスターが発生して、先生たちが居酒屋に行っていたことがバレでもしたら、社会から糾弾されかねないからかもしれません。でも、先生たちだって、たまには息抜きすべきだし、そういうところに行かないと、学校の外の社会がどうなっているのか、分からなくなりますよね。

現実には、居酒屋に行けばマスク会食している人なんてほとんどいませんし、アクリル板の衝立も脇に置かれて使われていません。みんな、ノーマスクでワーワーしゃべって、飛沫を飛ばしまくっています。それを見たら、子どもたちだけ教室でマスクをさせられたり、給食を黙って食べさせたりするのはおかしいと気づくはずです。でも、そうした現実社会を知らないと、人を導くという本来の意味での師にはなれないと思います。

「教育マシーン」では子どもの感性は育たない

明和　本当にそうですね。現代の子どもたちが多様性の受容を経験できるのは、学校、学級という空間です。家庭や地域では、そうした経験を得ることが難しくなっています。みんなそれぞれが違って当たり前であること、そうした見方こそが正しいということを、その空間のリーダーである「師」が教え導くことに期待したいです。

インクルーシブ（inclusive）教育ってご存じですか？　多様性を尊重し、ハンディキャップの有無に関わらず、あらゆる子どもがともに学ぶことによって互いに効果を高めようとする仕組みです。いろいろな人たち、いろいろな考え方を受け入れることによって、多様性は人間の本質であることを、脳の感受性期にしっかり経験してほしいものです。

鳥集　とくに義務教育の場はそうですよね。

明和　知識だけを教えるのであればＡＩでもいいわけですよ。それこそ、高校数学程度までであればＡＩで解くことができるわけで、今後、自分で考えて解く必要すらなくなる時代が来るかもしれない。

しかし、「感性」は違います。良い成績をとって先生に褒められたときの嬉しさ、友人と喧嘩した後の気まずさ、美しいものと出会った時に感じる心の震え――。こうした側面の成長はＡＩで導くことはできないのです。学校集団内で得る感性は、これからも人類が人間らしく生き続けていこうと思うなら必須となる経験です。

鳥集　それなのに、教師が「教育マシーン」のようにされてしまっています。先ほど、明和先生が「昔の先生はこうだった」というお話をされましたが、私もマスクの取材を通して同じことをものすごく感じました。先生方と話していると、とにかく「我々は行政の一員なんだ」と強調するんです。

でも、私たちの子ども時代はそんな感じではなかったと思います。公務員である前に、教師として、ひとりの人間として対応してくれた。その代わり、私も宿題を忘れてお尻を巨大定規で叩かれたり、ビンタされたりしましたが（苦笑）。

明和　それは確かにありましたね。

鳥集　暴力が横行していたことは肯定的にとらえられませんが、今の先生方が「子どもを育てよう」というマインドを本当に持っているのかと疑問に感じました。それを、生徒や保護者も感じていると思います。

実際に、先ほどの「マスクを外したい」と言った高校生が通っている学校は、国際教育に力を入れていると謳っているんです。それなのに、マスクを外したら怒られる。海外を見渡せば、とっくに「マスク不要」になった国だらけなのに。生徒たちも、世界中の多様な文化を学べるだろうと思って入学したはずです。それなのになんで、人と違うことをしただけで怒られるのか。これでは、生徒たちは先生から矛盾したメッセージを受け取ることになります。大人を信じられなくなってしまうでしょう。

クレーマーの言いなりにならないために必要となる知識

明和　学校の先生方には、「ヒトとは何か」「子ども期の脳はどのように育つのか」「感性の教育がなぜ大切なのか」といった点にもっと関心を持っていただき、その科学的根拠を学ぶ機会を得ていただきたいです。そうした素養を豊かに持った、教「師」になっていただきたい。

そのためには、今のようにさまざまな仕事に忙殺させるのではなく、師として、プロフェッショナルとして社会で認知される必要があります。先生は、脳発達の感受性期にある子どもたちに大きな影響を与える存在です。これほど責任の重い仕事はありません。将来の日本国民をどう育てるかは、学校にゆだねられているといっても過言ではないのですから。しかし、それを教員の個人的な頑張りだけに期待し、頼っていてはいけない。学校の質を高めるための努力は、国主導で担っていかなければ。

鳥集　先生方も、生徒のマスクを外させたいと思っても、クレームに負けてしまうんでしょう。

先日、スーパーで店員さんから、「ほかのお客さんからマスクをつけていない人がいるとクレームがあったので、つけてくれませんか」と言われたんです。それで店長さんと話して、「厚生労働省は、屋内でも会話控えめで距離を取ることができればマスク不要との指針を出している。それでも僕にマスクをするよう求めるのは、どんな法的根拠に基づいていますか?」と反論しました。そうしたら、店長さんがこう言うんです。「実は、私たちもせめて屋外くらいはマスクを外したいと思っているんです。でも、従業員が屋外でマスクを外して作業をしていたら、お店にクレームを言ってくるお客様がいるので、外せないのです」と。

本当にかわいそうだなと思いましたが、その一方で、クレームに負けてしまうのは、言い返せる知識がないからでもある。だから、学校の先生たちにも「私たちは、こういう場面ではこういう根拠に基づいて、マスクを外していいと考えている」と反論できるよう勉強してほしいです。

明和　学びを深めたいと思っておられる先生はたくさんいると思います。学校からの講演依頼も多くなっています。コロナ禍を経験して、教育現場で「ヒトとは何か」という根幹について理解することの大切さを、肌で感じておられるのだと思います。

鳥集　講演では、具体的にどんなお話をするんですか。

明和　保育園やこども園、幼稚園といった就学前の子どもをターゲットとするのか、小中学生なのか、あるいは研究者なのかによって話す内容は変えますが、基本は、ヒトの脳の発達の基本原理や特徴を分かりやすく伝えるようにしています。たとえば、マスク着用が長期化するリスクについては、子どもの年齢によって違うということやその根拠などです。こうしたことも、脳の発達の基本原理をある程度理解いただければ、その理由がストンと腑に落ちるのです。現場の先生方から、コロナ禍で子どもたちに目立ってきている問題などを聞かせていただき、それを科学的に理解するためのレクチャーなども行うようにしています。

前頭前野の発達に関わる「身体体験」

鳥集　もうひとつ掘り下げておきたいのが、子ども同士の関係性です。たとえば屋外で行われる体育の授業はマスクを外していいことになっています。先生たちも「外していい」と言っているはずですが、やはり外さない子どもがかなり多いそうです。

それに、先ほども話したように、マスクを外した生徒に対して、ほかの生徒が「マスクをつけろよ」と言ってきたりする。子ども同士で相互監視するかのような状態になっていて、マスクを外しにくくなっている側面もあると思うのですが、これに関してはどうお考えになりますか。

明和　同質性の高い日本文化では、そうしたことも想像に難くないですよね。クラスメートに「マスクをつけて」と主張する子どもの立場にたてば、彼らも3年かけてようやくマスクの日常に馴染んできたわけですから。大人が強いてきた「新しい生活様式」を不安な気持ちで受け入れてきて、ようやくそれが日常と思えるようになったところでマスクを外した子がいたら、それは当然気になる、不安になるでしょう。

今こそ教「師」の出番です。マスクをつけろと主張する生徒には、「マスクを外した子がいたら、不安になるよね。でも、マスクを外さないとしんどい子もいるよね」と話しかける。マスクを外したがらない生徒には、「コロナのことが心配なんだよね、おじいちゃん、おばあちゃんにうつしたくないって思ってるんだよね」など、子どもたちが抱えている「もやもや」を言葉で表現してあげる。

子ども期は、いまだ前頭前野が未成熟ですから、自分がなんとなく思っていること、感じていることを的確に表現することはできません。それを、先生が代弁してあげる。そして、自分の心にも他者のふるまいにも「もやもや」を感じている子どもたちに、互いに理解し合える道をつくり、つないであげる。こうした役割を、先生方にはぜひ果たしていただきたいです。

ところで、鳥集さん世代だとこういう記憶が残っていませんか。私たちの世代は、学校の先生との身体の触れ合いが今よりずっとありましたよね。先生に肩をたたかれたり、頭をなでてもらったり。この時の体感は、大人になった今でも強く残っていませんか。

鳥集　ビンタされたり、ケツバットされたりしたことは、とてもよく覚えています（苦笑）。

明和　それはあまり良い思い出ではなさそうですが……。それでも、こうした体感は生涯忘れられないものです。

鳥集　身体性を伴った体験ですね。

明和　そうです。今の子どもたちは、そうした体感を家庭の外で得られにくくなっているはずです。コロナ禍での非接触を求める動きが、それに拍車をかけたと思います。

鳥集　最近は、異性だけでなく同性に対しても、先生がうかつに身体を触ると問題になりかねない時代です。ですから、身体接触の仕方には注意が必要かもしれません。

明和　ただ、若い世代の先生ほど、子どもたちと触れ合う体験が必要なのです。なぜなら、若い先生は、いまだ脳が発達の途上にあるわけですから。

鳥集　確かに。大学を出たばかりだと、まだ22、23歳ですよね。まだ前頭前野が成熟しきっていない。

明和　そうです。若者が教員免許を取ったからといって、直ちに教「師」になれるわけではありません。

鳥集　よこしまな気持ちからではなく、励ますために触れているということがちゃんと相手に伝わるためには、その気持ちが素直に伝わる信頼関係を子どもたちと築けているかが前提となりますよね。その関係性があるからこそ、セクハラにならない。逆に、前頭前野が発達してないと、相手の気持ちを考えることができず、セクハラにつながりかねない。

明和　そうかもしれませんね。こうした類の不祥事をニュースで目にしない日はないくらいです。まさしく、前頭前野を使って行われる「未来をイメージする」能力の弱さ、欠如といっていいでしょう。食欲や性欲、睡眠欲といった生理的欲求を抑制することはとても難しいですが、それでも私たちが人間らしく生きていけるのは、「今こんなことをしたら、あとで大変なことが起こる」と推論し、イメージする能力を働かせることができるから、生理的欲求とのバランスをとっているからです。

そのバランス関係が崩れやすい一因は、幼少期からの他者との身体接触経験の乏しさにあるように思います。私たちが生きる現実空間では、他者からどう見られるか、他者からどのような反応があるか、といった心の制約が多くあります。こうした制約を受けながら、やって良いこと、悪いことを思考し、時と場合に応じた理性的なふるまいを選択していけるようになるのです。

しかし、こうした制約を一切なくしてしまおうとする世界が、もうすぐ現実となるのです。サイバー空間でアバターとして生きる日常です。その空間では、自分の思い通りのふるまいができます。嫌なことを我慢する必要もありません。嫌なアバターは消してしまえばいいわけですから。そんな世界で子どもたちが生きるようになったら、対人場面で前頭前野を発達させる機会はいっそう激減します。自己の欲望を抑えることが、今より桁違いに難しくなるのではないでしょうか。

鳥集　だからこそ、現実空間でもっと接触する機会やコミュニケーションを取る機会をつくらなくてはならないということですね。

明和　そうです。幼い頃から現実空間での体験を今以上に意識して持たせない限り、深刻な社会問題は解決するどころか、ますます悪化していくと思っています。

「先生、先生」とくっついてくる大学の教え子たち

明和　3年前に入学した学生は、当時、新しい生活の始まりに胸躍らせていたはずですが、この年の初春は日常のほとんどがロックダウン化し、彼らはキャンパスライフを謳歌できなかったのです。とくに、地方から京都に出てきて下宿を始めた学生たちは悲惨でした。オンラインによるつながりによって、何とか新しい生活になじもうと頑張ってきたのです。

鳥集　人生の中でも大学生活は一番自由で楽しい時期なのに、かわいそうですよね。

明和　昨年くらいから京大でも対面での授業が本格的に再開したのですが、その時、この学年の学生たちが見せた反応は、私がこれまで経験したことのない新鮮なものでした。彼らはすごく教員とつながりたい、くっつこうとするんです。

鳥集　くっついてくる？

明和　「先生、先生」って言って。

鳥集　京大の学生たちが、ですか？

明和　「リアル明和先生だ」「やっぱり対面がいい」って。現実空間で接触したいという思いがずっと満たされていなかったわけですから、その思いがあふれ出て当然ですよね。

鳥集　くっつくと言っても、ほんとにくっつくわけじゃないですよね。

明和　さすがに身体を直接くっつけたりはしないですが、なついてくるというか、共に時空間を共有したいという思いをまっすぐ、強くぶつけてくる。たとえば「面談の時間をください」とか、「話を聞いてください」と、積極的にコミュニケーションを求めてくるのです。

　私が京大生だった頃は、授業に出るくらいなら自分のやりたいことに存分に没頭しろ、大学に来なくていい、といった雰囲気が学内に満ちていたのですが、今の学生さんたちは授業やゼミにきちんと出席します。とくにパンデミック以降、その傾向が強くなった気がします。みんな、日常の接触を求め続けていたのですね。だから、身体を同じ時空間で共有して学びたいという動機が高まっている。

鳥集　やはり、リアルの授業のほうが、やる気が出るんですね。

明和　ワクワクするのでしょう。大学という物理的空間に身体を置いて学ぶことが。

鳥集　リモートでは得られない部分があることを、学生たちも本能的に体感しているのでしょう。

明和　多分そうです。もしもオンラインですべてが学べるのであれば、大学は「エアー大学」でいいわけです。でも、それでは得られないドキドキ感、ワクワク感こそが学びの動機を高めるのです。この体験を提供することこそが、大学教員の役割だと改めて思いました。

鳥集　「アハ体験（未知の物事の知覚を通して新しいひらめきを得ること）」という言葉もありますが、体感的な学びには、そのようなことも含まれるでしょうか。

明和　あるでしょう。アハ体験というか、理屈なき身体の反応ということです

鳥集　私自身、大学時代はめちゃくちゃ楽しかったんです。同志社大だったので、私も京都にいましたが、朝から晩まで友人と麻雀をしたり、ゼミが終わったら教授と飲みに行ったり、北白川《きたしらかわ》のゲームセンターでバッティングをしたり、夜中にみんなで天下一品のラーメンを食べに行ったり、実にいろんなことをしていました。

青春時代にそんな楽しい思いをしたのは、私だけではないはずです。自分たちはさんざん楽しんだくせに、大人の社会を守るために学生たちに我慢しろと言うなんて、私には信じられない。若いんだから、多少羽目を外したっていいじゃないですか。それなのに、「若者が外で飲んで騒ぐから、感染が抑えられない」とテレビで若者を非難していたコメンテーターがいました。「あなたも若い時、遊んでたんじゃないですか？」と言

いたいです。

明和　まったく同感です。もちろん、この第7波が収まるまでは我慢しようとか、波が落ち着いたらまた再開しようと見通しを立てたうえで、大学が感染防止対策の方針を表明するのはよいと思います。しかし、見通しも示さないまま、部活動禁止とか、飲み会禁止とか、対面授業禁止と発令してしまうのは、どうなのでしょう。子どもたちのマスク問題と同じで、脳発達の感受性期、とくに前頭前野が急激に成熟するまさにこの時期にこそ、身体を介して経験しておくべきことがあるということを、大学人はもっと理解しなければなりません。

鳥集　早く子どもたちに、マスクの必要のない、元の世界を取り戻してあげたいですね。

鳥集 徹（とりだまり・とおる）

1966年、兵庫県生まれ。同志社大学文学部社会学科新聞学専攻卒。同大学院文学研究科修士課程修了。会社員・出版社勤務等を経て、2004年から医療問題を中心にジャーナリストとして活動を開始。タミフル寄附金問題やインプラント使い回し疑惑等でスクープを発表してきた。『週刊文春』『女性セブン』などに記事を寄稿。15年に著書『新薬の罠　子宮頸がん、認知症…10兆円の闇』（文藝春秋）で、第4回日本医学ジャーナリスト協会賞大賞を受賞。『医学部』（文春新書）、『東大医学部』（和田秀樹氏との共著、ブックマン社）、『コロナ自粛の大罪』（宝島社新書）、『医療ムラの不都合な真実』（同）、『コロナワクチン　失敗の本質』（宮沢孝幸氏との共著、同）など著書多数。

あとがきにかえて

何を隠そう私は、2020年の夏頃から屋外はもとより、飲食店やスーパーなどの店内や電車内でもマスクをつけないようにしています。それでとくに嫌な視線を感じたことはありませんし、〝マスク警察〟に絡まれたこともありません。もしかすると、マスクをつけていない私のほうが、〝怖い人〟に見えているのかもしれません。

当初は私も、さすがに「怖いウイルスかもしれない」と思って、マスクをつけていました。しかし、1回目の緊急事態宣言（同年4月7日〜5月25日）が明けた後も、日本の死者数は欧米諸国に比べてケタ違い少ない水準で推移しました。「コロナ感染死」とされた人の平均年齢も日本人の平均寿命に近く、リスクが高いのは体力が落ちている高齢者や基礎疾患のある人、かなりの肥満体の人などであることが分かりました。つまり、健康な人であれば、コロナ感染を必要以上に恐れることはないのです。

それに医療ジャーナリストとして、マスクの感染予防効果が乏しいことも、以前から知っていました。過去にインフルエンザなどの呼吸器疾患に対する、日常的なマスクの感染予防効果を調べた臨床試験が複数実施されていますが、信頼性の高い試験で明白に「効果あり」とする結果は出ていません。こうした事実から私は、とくに感染リスクが高い人たちへの配慮が必要な医療機関や介護施設など以外、日常的にマスクをつける必要はないと判断したのです。

マスクにはデメリットもあります。酸素の摂取量が減る一方で吸気の二酸化炭素濃度が高まるので、血管が拡張して「マスク頭痛」を引き起こすと言われています。暑い季節にはマスクをしていると体内に熱がこもりやすくなるので、熱中症にも注意が必要です。猛暑時に外でマスクをつけて作業するなんて、自殺行為としか私には思えません。

さらに、マスクで口の周りが蒸れて雑菌が繁殖しやすくなり、ニキビや肌荒れなどの皮膚のトラブルが増えていると言われています。鼻から息を吸いにくく口呼吸になってしまうので、口腔内が乾燥して歯周病や虫歯になりやすい、口臭が強くなりやすい、感染症にかかりやすいといったデメリットも指摘されています。

子どもへの影響はさらに深刻です。本書で明和先生が指摘しているとおり、マスクは子どもの脳の発達にマイナスの影響を与える恐れがあります。それだけでなく、気道が十分に発達していない子どもは、マスクで呼吸が妨げられてしまいます。小さな子どもは「苦しい」と上手に訴えることができないので、日本小児科学会は「乳幼児のマスク着用には危険がある」として、とくに2歳未満のマスクの着用は気をつけるべきとしています。

このようにマスクには、感染予防効果に乏しいだけでなく、さまざまなデメリットがあるのです。それなのにどうして、日本ではこれほどまでにマスクに固執しているのでしょうか。

実はコロナのパンデミックが始まった当初、WHO（世界保健機関）は、「健康な人がマスクを着用していても、コロナの感染を予防できる根拠はない」としていました。日本の感染症専門医たちも「せきや発熱などの症状がない限り、マスクをする必要はない」と言っていました。前述したエビデンス（科学的証拠）からも、当然の認識と言えるでしょう。

ところが2020年6月、WHOが急に方針を転換し、「感染が広がっている地域の公共の場でのマスクを推奨する」と発表しました。そのとたん、日本の感染症専門医たちもこぞって「いつでもどこでもマスク」、すなわちユニバーサルマスクを求め始めたのです。

マスクにコロナ感染を予防する強いエビデンスがあれば、ユニバーサルマスクにも妥当性があるでしょう。しかし、本編でも紹介したように、同年11月にはデンマークでマスク着用者と非着用者の感染予防効果を比べるランダム化比較試験が行われ、感染予防効果ありという結果は出ませんでした。

米国ではマスクを義務化した州（カリフォルニア州など）と、そうでない州（フロリダ州など）と比べて、陽性者の増減にほとんど違いが見られないという事実も指摘されています。厳しいコロナ対策を推進する民主党政権に対抗してきた共和党のデサンティス知事率いるフロリダ州では、学校での子どもへのマスク着用義務づけを禁止する州知事命令なども出されました。

ヨーロッパ諸国でも、当初は公共施設や公共交通機関でのマスク義務化が実施されてきましたが、オミクロン株になって重症化率が下がったことを受けて、２０２２年春頃からマスクの着用義務がどんどん解かれていきました。海外の航空各社も機内でのマスク着用義務を解除しています。そうした判断の背景には、マスクの感染予防効果に強いエビデンスはないという科学的知見も影響を与えていることでしょう。

どうしてもマスクをつけさせたいせいか、日本の政府や専門家はコロナが飛沫感染であることにこだわってきましたが、世界では早い時期からエアロゾル感染（あるいは空気感染）だと指摘されてきました。２０２２年3月に、国立感染症研究所もやっとエアロゾル感染であることを認めました。エアロゾルは空気中を長時間浮遊する超微粒子なので、マスクをしていても呼吸のたびに隙間から出入りすることになります。なので、ますますマスクにこだわる根拠がなくなりました。

いまや世界中で、これほどまでに執拗にマスクをつけ続け、他人にも着用を求め続けている国は、日本など東アジアの一部の国だけなのです。いい加減、マスクにこだわることをやめないと、世界から好奇の目で見られることになります。

しかし､日本の政府も専門家も、なかなか方針を変えません。「マスクには効果がある」と言ってユニバーサルマスクを推奨してしまった手前、「実はそんなに効果はありませんでした」とは言えず、引っ込みがつかなくなってしまったのではないでしょうか。

しかし、そのような面子にこだわっている場合ではありません。飲み屋街に行ってみてください。マスク会食をしている大人なんて、まったくと言っていいほどいません。みんなマスクを外して、くっちゃべって、飛沫やエアロゾルを飛ばしまくっています。

元気な大人や若者たちの多くはコロナ感染など、本心では気にしていないのです。

それなのにどうして子どもたちにだけ、登下校中も、授業中もマスクをつけさせ、楽しいはずの給食の時間ですら、「黙って食え」と命令し続けているのでしょうか。子どもは大人に比べ、コロナによる重症化リスクが圧倒的に低いのに、大人にうつすといけないからでしょうか。子どもを犠牲にして、自分たちを守ろうとする。「大人たちよ、恥を知れ！」というのが、私の一番の気持ちです。

大人たちが率先してマスクを外さないと、子どもたちは外せません。大人の皆さん、子どもを大切だと思うなら、勇気を出して、すぐにでも「忖度マスク」を外してください。一刻も早く、子どもたちをマスクから解放してあげましょう。

本書が、そのための有力な根拠のひとつになればと心から願います。最後に、科学者としてだけでなく、親としても覚悟を感じる素晴らしいお話を聞かせてくださった明和政子先生、そして編集担当の宮田美緒さんをはじめとする宝島社の方々に感謝申し上げます。

2022年10月

鳥集 徹

明和政子（みょうわ・まさこ）

京都大学教育学部卒。同大学大学院教育学研究科博士後期課程修了。博士（教育学）。京都大学霊長類研究所研究員、京都大学大学院教育学研究科准教授を経て、現在、同大学院教授。ヒトとヒト以外の霊長類を比較し、ヒト特有の脳と心の発達とその生物学的基盤を明らかにする「比較認知発達科学」という分野を世界に先駆けて開拓した。著書に『ヒトの発達の謎を解く――胎児期から人類の未来まで』（ちくま新書）、『まねが育むヒトの心』（岩波ジュニア新書）など。NHKスペシャル『ママたちが非常事態!? 最新科学で迫るニッポンの子育て（2016年放送）』『ニッポンの家族が非常事態!? 第1集「わが子がキレる本当のワケ」（2017年放送）』『ジェンダーサイエンス 第1集「男X女 性差の真実」（2021年放送）』などの監修・出演など、現代社会に生きるヒトが抱える問題を最新科学の知見から解説する活動にも力を注いでいる。2022年10月より放送開始の『こどもちょうせんバラエティ いろりろ』（読売テレビ）の監修も行っている（YouTubeにて『いろりろch』も配信中）。

宝島社新書

マスク社会が危ない
子どもの発達に「毎日マスク」はどう影響するか?
（ますくしゃかいがあぶない
こどものはったつに「まいにちますく」はどうえいきょうするか?）

2022年1月7日　第1刷発行

著　者　明和政子
（京都大学大学院教育学研究科教授）

発行人　蓮見清一
発行所　株式会社　宝島社
〒102-8388 東京都千代田区一番町25番地
電話：営業　03(3234)4621
　　　編集　03(3239)0646
https://tkj.jp
印刷・製本：中央精版印刷株式会社

ISBN 978-4-299-03372-7